Joseph Weizenbaum
mit Gunna Wendt

Wo sind sie, die Inseln der Vernunft im Cyberstrom?

Joseph Weizenbaum
mit Gunna Wendt

Wo sind sie, die Inseln der Vernunft im Cyberstrom?

Auswege aus der programmierten Gesellschaft

HERDER

FREIBURG · BASEL · WIEN

Gedruckt auf umweltfreundlichem, chlorfrei gebleichtem Papier

Alle Rechte vorbehalten – Printed in Germany
© 2006 Verlag Herder Freiburg im Breisgau
www.herder.de
Satz: Barbara Herrmann, Freiburg
Druck und Bindung: fgb · freiburger graphische betriebe 2006
www.fgb.de
ISBN-13: 978-3-451-28864-7
ISBN-10: 3-451-28864-8

Inhalt

Bedeutung und somit einen ganz bestimmten Wert. Eben den einer Waffe.

Jetzt kommen wir zum Computer. Es ist einfach eine Tatsache, dass der Computer im Krieg geboren wurde und dass fast alle Forschungen und Entwicklungen des Computers vom Militär und zwar fast ausschließlich vom Militär unterstützt wurden und heute noch werden. Jeder Erfolg, zum Beispiel in der Technik, dem Computer das Sehen beizubringen, wird sofort vom Militär aufgegriffen und in Waffen eingebaut. Man kann nicht einfach sagen, der Computer kann für etwas Böses und für etwas Gutes benutzt werden und der Computer selbst ist wertfrei. In unserer Gesellschaft ist der Computer zuallererst ein Instrument, das für militärische Zwecke eingesetzt wird. Gut, es gibt Gewehre, die nur für Zielübungen benutzt werden, aber das Gewehr als solches hat in unserer Gesellschaft eben den Wert eines Instruments, mit dem man Menschen töten kann. Und so ist es auch mit dem Computer. Er ist nicht bloß ein Werkzeug, er ist nicht wertfrei, und daran zu arbeiten, ist keine wertfreie Entscheidung.

Ist man denn wirklich immer in der Lage, diese Entscheidungen zu treffen? Man ist ja selbst auch ein Teil gesellschaftlicher Entwicklungen und Veränderungen.

■ Das ist richtig. Ich bin jetzt 83 Jahre alt und habe in meiner Lebenszeit viele elementare Veränderungen beobachtet und mitgemacht. Ich erinnere mich noch sehr gut an die Zeit meiner Kindheit in Berlin in den frühen dreißiger Jahren. Da waren noch eine ganze Menge Pferde auf der Straße beziehungsweise Lastwagen, die von Pferden gezogen wurden. Wenn man sich heute alte Filme anschaut oder Postkarten und Fotos aus dieser Zeit, entdeckt man auf der Straße sehr wenige private Autos. Es gab Taxis, Autobusse, Pferde-kutschen und Lastwagen. Man kann etwas Ähnliches auch auf Bildern aus Amerika sehen. So etwas wie Verkehrspro-bleme kannte man damals überhaupt nicht. Vor dem Krieg brauchte man nirgendwo auf der Welt, ganz bestimmt auch nicht in amerikanischen und europäischen Städten, einen Parkplatz zu suchen. Man fuhr einfach dort hin, wo man hin wollte, und dann stellte man das Auto direkt vor dem Haus ab oder höchstens drei Schritte weiter weg. Heute ist die Benutzung des Autos in diesem Sinn unmöglich. Es hat sich so ungeheuer viel geändert.

Das ist nicht nur beeindruckend, sondern erzeugt auch einige Fragen: Wollten wir das? Oder: Wer hat das gewollt? Passiert eine solche Entwicklung einfach automatisch? Es ist mir dringlich, gleich etwas dazu zu sagen, damit ich nicht missverstanden werde: Ich glaube nicht an die Autonomie der Wissenschaft oder der Technologie. Ich glaube nicht, dass sie sich selbst bestimmen, dass wir einfach so hinterher-laufen. Die Idee der Autonomie oder Nicht-Autonomie der Wissenschaft enthält nämlich auch die Idee des Wertes.

Und Sie glauben weder an das eine noch an das andere, also weder an die Wertfreiheit noch an die Autonomie der Wissen-schaft?

■ Diese beiden Dinge hängen ja, wie gesagt, eng zusam-men. Wenn man an die Autonomie der Wissenschaft glaubt, dann könnte man auch daran glauben, dass die Wissenschaft wertfrei ist, und genauso ist es mit der Technologie. Ich den-ke, viele Leute, sogar Wissenschaftler, haben naive Vorstel-lungen davon, wie sich die Wissenschaft entwickelt: Da ist ein Wissenschaftler in einem Labor, er trägt einen weißen

Kittel und auf dem Weg zum Labor ist ihm eine komische Idee gekommen. Vielleicht hat sie mit Katzen zu tun, die so wie Zebras aussehen oder irgendeine andere Dummheit. Da denkt er, aha interessant, und jetzt beginnt er mit einer Forschungsarbeit, an die er gestern überhaupt nicht gedacht hat. Sie ist für ihn völlig neu. So macht die Wissenschaft Fortschritte. Das kann dann die Gesellschaft beeinflussen, ist aber von der Gesellschaft nicht beeinflusst. Es ist autonom. Aber so ist es nicht. Das ist ein Mythos.

Wir müssen erkennen – es ist eine ganz einfache Sache, die, wenn man es einmal ausspricht, selbstverständlich scheint –, dass wir Menschen an die Natur eine unendliche Anzahl von Fragen stellen könnten. Aber wir haben dafür nicht unendlich viel Zeit. Die Lebenszeit eines einzelnen Wissenschaftlers ist begrenzt. Das hat Konsequenzen: Aus den unendlich vielen Fragen, die wir stellen könnten, müssen wir verschiedene Fragen auswählen und dann erforschen. In dieser Auswahl liegt natürlich ein Werturteil. Man denkt, diese Frage sei wichtiger als eine andere. Wir treffen eine Auswahl und diese ist mit Werten verbunden. Sie ist von den gesellschaftlichen Umständen, in denen wir leben, sehr stark geprägt. Es ist daher kein Zufall, dass Wissenschaftler zu dieser oder jener Problemstellung gekommen sind.

Was Sie über die Entscheidungsfreiheit sagen, betrifft jeden Menschen. Man stellt sich die Frage: Was will ich mit meinem Leben machen? Es ist aber nicht nur eine individuelle Entscheidung, man muss vor allem sehen, dass man irgendwie von seiner Arbeit leben kann, dass man in dieser Gesellschaft existieren kann. Dadurch sind bestimmte Bereiche vorgegeben. Ich käme heute ohne Computer oder gewisse

Kenntnisse im Computerbereich nicht aus. Es ist fast unmöglich, sich zu verweigern oder zu sagen, in der Art und Weise möchte ich nicht arbeiten.

■ Ich weiß nicht, ob das stimmt, was Sie da gesagt haben. Es ist ganz bestimmt der Fall in den USA oder hier in Deutschland, also in technologisch hochentwickelten Nationen, dass beinahe jeder direkt oder indirekt mit Computern in Kontakt tritt. Aber die allermeisten Computer, mit denen man im täglichen Leben in Berührung kommt, sind verborgen. Sie sind versteckt im Auto, in der Uhr, im Plattenspieler, im Fernsehapparat. Man ist sich genauso wenig bewusst, dass man mit einem Computer arbeitet, wie man sich bewusst ist, dass man mit Elektrizität arbeitet. Man weiß das zwar irgendwie, aber es gelangt selten ins Bewusstsein, außer natürlich wenn irgend etwas kaputtgeht.

Aber selbst wenn die Arbeit am Computer offensichtlich ist: Ich denke gerade an einen Beruf wie den der Lufthansa-Mitarbeiter, die Tickets verkaufen, Reservierungen vornehmen etc. Sie sitzen den ganzen Tag vor einem Bildschirm, aber sie müssen gar nicht wissen, was sich hinter den Kulissen abspielt, ob es dort Schaltkreise oder kleine Männchen gibt. Vom Computer selbst brauchen sie nichts zu verstehen.

Genauso ist es in hochtechnisierten Bereichen. Nehmen wir wieder die Lufthansa, den Flugkapitän einer 747, eines riesigen Flugzeugs. Es gibt hundert Computer in diesem Flugzeug, aber es würde für den Kapitän überhaupt keine Hilfe bedeuten, wenn er eine Computersprache wie Basic oder Fortran verstehen würde. Das hat mit seiner Begegnung mit Computern nichts zu tun, weil die Begegnung eben so indirekt ist. Über Computer Bescheid zu wissen, ist nur für eine sehr kleine Minderheit der Menschen notwendig.

Zur Geschichte des Computers

Wann und wie sind Sie selbst mit dem Computer in Berührung gekommen?

■ Eigentlich zufällig, wie die meisten meines Fachs. Es war in der Zeit, als ich an der Wayne-Universität in Detroit Mathematik studierte, also Ende der vierziger Jahre. Damals bot man mir an, beim Bau eines Computers als Assistent mitzuarbeiten. Natürlich war ich begeistert von der Idee, an etwas ganz Neuem mitzuwirken, und sagte zu. Den Rest kennen Sie ja: Ich habe dieses Fach nicht mehr verlassen.

Ich war also am Anfang dabei, als die Computer so riesig groß waren, dass sie ganze Gebäude füllten, obwohl sie funktional viel kleiner und viel langsamer waren als die heutigen Taschenrechner. Der erste Computer in meiner damaligen Universität füllte einen ganzen Saal und produzierte so viel Wärme, dass wir im Winter unsere ganze Bibliothek damit heizen konnten. Wir waren tief beeindruckt und nannten diesen Koloss „Wirbelwind". Den nächsten, der noch größer war, nannten wir sogar „Taifun". Es hat jedoch nicht lange gedauert, bis ein großer Drang nach Miniaturisierung beobachtet werden konnte. Alles sollte immer kleiner und kleiner werden.

Welche konkreten Interessen standen dahinter?

■ Eindeutig militärische. Das Militär wollte Computer in die Luft schicken, nicht nur in Raumschiffen und Flugzeugen, auch in Waffen. Es wollte sie in Raketen einbauen, und dafür musste alles kleiner werden. Fast jede Entwicklung im Computerbereich kann auf den militärischen Bedarf zurückverfolgt werden.

Nun wurde der Computer ja nicht nur in Amerika sozusagen „erfunden", sondern nahezu gleichzeitig und jeweils unabhängig voneinander in England und Deutschland. Alan Turing und Konrad Zuse gelten dort als seine Väter.

■ Das unterstreicht doch das, was ich über die Bedingungen wissenschaftlichen Fortschritts gesagt habe. Zu bestimmten Zeiten und in bestimmten gesellschaftlichen Situationen tauchen Fragen auf, die allgemein von einem großen Teil der Menschheit für so drängend gehalten werden, dass sie beantwortet, das heißt wissenschaftlich erforscht werden sollen. Es ist daher überhaupt kein Zufall, dass in unterschiedlichen Teilen der Welt verschiedene Wissenschaftler gleichzeitig zu ähnlichen oder sogar identischen Forschungsinhalten gelangt sind und gelangen.

In Amerika wurde der Computer ursprünglich nur für militärische Zwecke entwickelt, nicht für zivile. Man hielt es für erforderlich, ballistische Bahnen genau zu berechnen, und dafür versprach der Computer die ideale Lösung zu sein. Es gab in Amerika zwei „Erfinder" oder Computerpioniere: J. Presper Eckert und John W. Mauchly, der eine ein Ingenieur, der andere ein Physiker. Sie haben den ersten Computer in Philadelphia gebaut. Man sollte vielleicht auch noch den Harvard-Professor Howard H. Aiken erwähnen.

Auch in England gab es mehrere Erfinder, der bekannteste ist Alan Turing. Bis heute sind seine mathematischen Arbeiten anerkannt und geschätzt. Er entwickelte das Verfahren, mit dem im Zweiten Weltkrieg das deutsche Chiffrier-system „Enigma" entschlüsselt werden konnte.

Der erste Computer, der 1938 in Deutschland von Zuse gebaut wurde, wurde vom deutschen Militär, also von der Wehrmacht, jedoch nicht als bahnbrechende Erfindung wahrgenommen. Es gelang Zuse einfach nicht, die damalige deutsche Kriegsregierung davon zu überzeugen, dass der Computer wichtige Dienste leisten könnte. Ganz anders als in den USA. Nach dem Zweiten Weltkrieg sah man aller-dings auch in den USA keine wichtigen Nutzungszwecke mehr für den Computer. Und das Pentagon nahm die finan-zielle Förderung dieser Forschung stark zurück.

Es gab allerdings den Computer für die Atomversuche in Los Alamos, die zivilen Nutzungszwecke musste man erst er-finden. Die einzige Firma, die damals daran glaubte, dass der Computer eine zivile Zukunft haben würde, war „Univac", eine Firma, die heute kaum noch bekannt ist. Aber damals war „Univac" fast so etwas wie ein Synonym für „Computer". Als später IBM seinen ersten Großrechner vorstellte, sprach man allgemein davon, dass IBM einen „Univac" hergestellt habe.

Natürlich ließ der militärische Bedarf in Amerika nicht lange auf sich warten. Mit dem Korea-Krieg und dem Kalten Krieg begann eine neue Ära für die Computerforschung. Seither sind die Forschungsgelder, die das Pentagon dafür zur Verfügung stellt, permanent und kontinuierlich gestie-gen. Betrachtet man zum Beispiel die wichtigsten Institute am MIT, also an der Universität, an der ich Jahrzehnte ge-lehrt habe, so ist ganz klar, dass ihre Forschungsprojekte zum allergrößten Teil vom Pentagon finanziert wurden und werden und letztlich militärischen Zwecken dienen, auch wenn das mehr oder weniger geschickt getarnt wird.

■ Ich gebe Ihnen ein Beispiel: Als ich einmal in Cambridge, Massachusetts, ganz in der Nähe der Universität spazieren ging, kam ein junger Mann auf mich zu und erinnerte mich daran, dass er vor einigen Jahren in einer Klasse war, in der ich lehrte. Er erzählte mir mit größter Freude und Begeisterung, er habe endlich ein Thema für seine Doktorarbeit gefunden.

Ich gebe jetzt wieder, was er mir gesagt hat: Stellen Sie sich einen großen Bildschirm vor. Auf diesem Bildschirm sieht man in „living colour" einen Bär und eine Katze. Vor dem Bildschirm sitzt ein kleines Mädchen, vielleicht acht, neun Jahre alt. Eine wunderschöne Szene. Nun wirft die Katze dem Bär einen Ball zu und er fängt ihn. Dann rollt der Bär den Ball zurück zu der Katze und alles wiederholt sich. Sehr süß! Dann soll ich mir vorstellen, dass das kleine Mädchen zu dem System – jetzt nennen wir es ein System – spricht und sagt: „Lieber Bär, wenn dir jemand etwas gibt, solltest du ‚danke schön' sagen." Dann fängt es wieder von vorne an, die Katze wirft den Ball zum Bär, der Bär fängt den Ball auf und sagt diesmal anschließend: „Thank you, little cat!"

So beschreibt mir mein ehemaliger Student seine Arbeit.

Jeder, der etwas von Computern versteht, erkennt sofort, dass das außerordentlich schwierige Probleme aufwirft. Spracherkennung ist eines davon. Das Mädchen tippt nicht auf irgendeine Taste, sondern sie sagt: „Lieber Bär ..." Und dann geht es um eine nahtlose Veränderung des Systems. Es ist aber nicht so, dass sich das System abschaltet und wir morgen ungefähr um dieselbe Zeit sehen werden, ob es gelungen ist. Nein, es passiert sofort. Es ist ungeheuer schwer, so etwas zu implementieren. Mir war sofort klar, dass der Student seinen Doktor verdient hatte, wenn er das schaffte.

Nun wollte ich wissen, ob ich seine Forschungsaufgabe richtig verstanden hatte und fragte, ob ich ihm die Problemstellung noch einmal erzählen dürfte. Natürlich, war seine Antwort. Ich sagte: Okay, ich sehe einen Pilot in einem Kampfflugzeug. Das System „spricht" zu ihm und sagt: „Sir, da unten sehe ich eine Kolonne von feindlichen Panzern. Was soll ich machen?" Der Pilot antwortet dem System, auch in natürlicher Sprache: „Wenn du so etwas siehst, dann lass die Raketen los. Du brauchst mich nie wieder danach zu fragen. Do it." Das System sagt dann: „Yes, Sir!" und ist sofort umprogrammiert – genau wie der Bär – und die Raketen gehen los. Das habe ich dem jungen Mann erzählt und ihn gefragt: „Ist es das?" Da meinte er: „Na ja, das könnte man so sagen." Dann habe ich ihn gefragt: „Wer bezahlt für diese Forschung?" Er antwortete: „The Airforce!"

Das Pentagon hat in der Zeit vor 1980, also vor der Reagan-Regierung, in seinen Forschungsaufträgen sehr selten ein Waffensystem tatsächlich beim Namen genannt. Stattdessen wurden alle möglichen Euphemismen benutzt. Erst Anfang der achtziger Jahre – das Time Magazine sprach von einer Zeit des neuen Patriotismus – fing das Pentagon an, Waffensysteme tatsächlich beim Namen zu nennen. Jedenfalls konnte ich diesen Studenten davon überzeugen, dass meine Version der Geschichte unserer gesellschaftlichen Realität und damit auch der Wahrheit näher war als seine. Es diente nämlich tatsächlich der Entwicklung eines „pilot assistants" im Rahmen des SCI-Programms, der „Strategic Computing Initiative".

Ein wirklich beeindruckendes Beispiel für unsere Bereitschaft, die Augen so lange wie möglich vor der Realität zu verschließen. Aber dennoch: Es gibt doch heute auch Anwendungen des Computers, die hilfreich sind und den Menschen auf ganz unterschiedliche Weise im Alltag oder sogar in elementaren, lebenswichtigen Situationen unterstützen.

■ Natürlich gibt es die. Manchmal, wenn ich sage, der Computer sei hauptsächlich ein Instrument des Militärs – und das bedeutet in unserer Welt ein Instrument des Massenmords –, wird mir vorgeworfen, dass ich die humanen Anwendungen von Computern im Krankenhaus und in der Schule nicht wahrnehme. Aber so einfach ist es nicht.

Das Standardbeispiel, das mir immer wieder entgegengehalten wird, ist der CAT-Scanner. Eigentlich kann man doch überhaupt nichts Negatives über den CAT-Scanner, also den Computertomographen sagen? Noch nie ist jemandem damit Schaden zugefügt worden, so viel ich weiß. Ganz im Gegenteil, er leistet gute Dienste bei Untersuchungen. Er hilft den Ärzten dabei, die Entscheidung zu treffen, ob eine Operation notwendig ist, und er hilft bei der genauen Ortung des Tumors, so dass die Erfolgschancen der Operation steigen. Also, ein hilfreiches Instrument für die gesamte Menschheit.

Verlassen wir aber nun bitte diese direkte Perspektive und betrachten wir die Angelegenheit sozusagen im Weitwinkel: Zunächst einmal sollten wir die Frage stellen, in welchem gesellschaftlichen Kontext der Computertomograph angewandt wird. Dann verdunkelt sich nämlich das strahlende Erfolgsbild. In den USA hat der Cat-Scanner vor allem den Effekt, dass es nun noch weitaus mehr Patienten gibt und auch in Zukunft geben wird, die nie einen Arzt sehen und keine medizinische Behandlung erhalten werden.

Sie meinen, dass die Behandlungskosten dadurch noch weiter gestiegen sind.

■ In Amerika sind Ärzte und Krankenhäuser Teil des marktwirtschaftlichen Systems und immer der Gefahr ausgesetzt, wegen Kunstfehlern belangt zu werden. Es ist für sie dringend notwendig, sich dagegen zu versichern. Das hat natürlich zur Folge, dass die ohnehin schon hohen Kosten einer medizinischen Behandlung noch weiter steigen.

Es wirkt aber noch darüber hinaus. Ich gebe Ihnen ein Beispiel: Wenn ich zum Arzt gehe und über Schmerzen im kleinen Finger meiner rechten Hand klage, dann würde er wahrscheinlich – jetzt übertreibe ich etwas – einen kompletten „Check-up" vornehmen, also mehrere Tage im Krankenhaus, Röntgen-Bilder, CAT-Scan, Blutuntersuchungen, Labortests und alle möglichen Extras.

Nicht etwa, weil es in meinem Fall so dringend notwendig wäre. Nein, er will einer Anklage vorbeugen. Er will ausschließen, dass irgendetwas übersehen wird, das mich zu einer Schadenersatzforderung veranlassen könnte. Sein Vorgehen hat also weder mit dem Computertomographen noch unserer Medizin als solcher zu tun, sondern mit der Gesellschaft, in der wir leben.

In den USA hat mittlerweile fast jedes Krankenhaus mehrere CAT-Scanner, die immer weiter verbessert werden. Sie sind in der Anschaffung und Wartung so teuer, dass das gesamte Gesundheitswesen unter diesem technischen Fortschritt eigentlich eher leidet. Sie sehen, man muss den CAT-Scanner, wie viele andere technische Errungenschaften, im Licht der gesellschaftlichen Umstände sehen, in die er eingebettet ist. Erst dann kann man seine Wirkung wirklich einschätzen.

In diesem Zusammenhang möchte ich nochmals unterstreichen, dass man in Europa immer noch unterschätzt, in welchem Maß die amerikanische Wirtschaft vom Militär abhängig ist und dass auch der gesamte sozusagen zivile Bereich von Projekten durchdrungen ist, die vom Militär genutzt werden, zumindest über indirektes „supporting". Bei der Computer-Bilderkennung ist beispielsweise völlig klar – sozusagen vorherbestimmt –, dass jedes Ergebnis, das irgendeinen Einfluss auf die Verbesserung der sogenannten Sehfähigkeit des Computers hat, sofort vom Militär aufgegriffen wird. Wir – die Computerwissenschaftler – können nicht behaupten, wir wüssten das nicht. Wir wissen es ganz genau.

Lassen Sie mich dieses Thema abschließend mit einer kleinen Geschichte illustrieren. Sie ist mir schon vor langer Zeit eingefallen und macht vielleicht am ehesten deutlich, was ich darüber denke: Stellen Sie sich ein Konzentrationslager vor, in dem alles, was überhaupt zur Entscheidung steht – zum Beispiel wer heute wie viel zu essen bekommt, wer heute wo und wie lange arbeiten muss, wer heute sterben muss – von einem Computer entschieden wird. Da hören wir zwei Häftlinge miteinander sprechen, und der eine sagt zum anderen: „Weißt du, es muss doch auch humane Anwendungen des Computers geben." Der andere erwidert: „Ja, sicherlich, aber nicht in einem KZ."

Ich meine damit, dass der Computer in unsere verrückte Gesellschaft eingebettet ist, genauso wie das Fernsehen. Alles ist in diese Gesellschaft eingebettet, und diese Gesellschaft ist offensichtlich wahnsinnig. Wir brauchen uns nur jeden Tag die Zeitung anzusehen, um das bestätigt zu bekommen. In dieser Gesellschaft ist es wirklich fragwürdig, ob die schönen Instrumente, die wir entwickeln, die Früchte des menschlichen Geistes, die größten Erfolge der menschlichen Forschung wirklich human eingesetzt werden können oder nicht.

Das Beispiel Fernsehen möchte ich besonders erwähnen, weil es so ein schlagkräftiges Argument ist: Wenn man sich vorstellt, dass man im Wohnzimmer einer deutschen Wohnung sitzt, und da steht dieser Farbfernseher, ein großes Bild in „living colour". Man sieht ein Fußballspiel, das gerade in Brasilien stattfindet, und man sieht es, wie man heute so schön sagt, in Echtzeit.

Jetzt sollte man sich vorstellen, welche Früchte des menschlichen Geistes daran beteiligt sind: Es muss einen Satelliten geben. Der Satellit schwebt da oben im Weltraum. Er musste erst einmal hergestellt und anschließend dort hingebracht werden. Das bedeutet, es mussten Raketen mit unvorstellbarer Genauigkeit konstruiert werden, um den schweren Satelliten präzise zu platzieren.

Und dann das Fernsehen selbst: Dass man aus diesem Fußballfeld elektronische Signale machen kann, die man dann ganz genau zwanzigtausend Meilen in den Himmel schicken kann und die dann ganz genau gerade zu meinem Fernseher kommen. Dass da ein Bild entsteht aus etwas, was in der Luft schwebt – ich meine jetzt die elektromagnetischen Signale – all das ist doch erstaunlich! Und nicht nur das, es ist bewundernswert. Man hätte wirklich Grund, auf diese menschliche Errungenschaft stolz zu sein. Man hätte wirklich allen Grund, den menschlichen Geist, der das alles erfinden und herstellen kann, zu loben.

Und jetzt die Frage: Mit diesem riesigen Schatz, mit dieser Folge von außerordentlichen menschlichen Leistungen – was machen wir damit? Was sehen wir täglich im Fernsehen, nicht nur in Amerika? Wir sehen Gewalt, wir sehen Mord, wir sehen Blödsinn, wir sehen Wahnsinn und wir sehen Unsinn – den am allermeisten. Ja, da haben wir so ein vielversprechendes Instrument, das in einer anderen Gesellschaft – ich würde eigentlich gern „gesunde Gesellschaft" sagen, aber dieser Begriff ist leider historisch furchtbar belastet – vielleicht etwas sehr Schönes und sehr Gutes bewirken könnte, aber in unserer verrückten Gesellschaft erzeugt es eben, wie gesagt, Blödsinn, Wahnsinn und Unsinn.

Fernsehen und Internet

Das Nebeneinander von fortgeschrittener Hochtechnologie und lächerlichem Inhalt ist ein nicht zu unterschätzendes Phänomen in unserer Gesellschaft. Es bestimmt unsere Realität. Es bestimmt unseren Alltag. Das Fernsehen hat darin eine ungeheure Präsenz. In der amerikanischen „upper middle class" ist die Anzahl der Fernseher in einem Haushalt normalerweise n+1, wobei n für die Anzahl der Menschen steht, die im Haus wohnen. Jeder hat also seinen eigenen Fernseher. Die Kinder natürlich eingeschlossen.

Und was bedeutet +1?

■ Dass es in den meisten Familien zusätzlich noch einen Extra-Fernseher gibt, für die großen Sportereignisse oder ähnliches.

Für alle Familienmitglieder ist jedenfalls der Fernseher die Quelle der Wahrheit. Er zeigt ihnen, was in der Welt passiert, in sogenannter Echtzeit, sodass sie den Eindruck haben, selbst dabei zu sein. Ich erinnere mich an eine Nachrichtensendung, die es vor langer Zeit in Amerika gab und in der der Moderator jedes Mal zum Schluss sagte: „And that's the way it is! Und genau so ist es!" Dann wurde nur noch das jeweilige Datum genannt. Also, die Botschaft war klar: Jetzt wusste man, was wirklich in der Welt passiert war.

Was verschwiegen oder verdrängt wurde und wird: Die „Bildschirmwahrheit" ist eine hergestellte, produzierte Wahrheit, die bestimmten Zwecken unterliegt. Sie ist die Wahrheit desjenigen, der sie ausgewählt und zusammengestellt hat. Man ist heute in der Lage, Bilder, Fernsehbilder so zu manipulieren, dass wir nicht mehr erkennen können, ob sie echt sind oder nicht. Wir können eben nicht sicher sein, ob das, was wir auf dem Bildschirm sehen, die Realität ist, oder ob uns nur etwas vorgegaukelt wird, das wir dafür halten sollen.

Ich nenne Ihnen ein auf den ersten Blick ganz unspektakuläres Beispiel: 1989 gab es eine amerikanische Intervention in Panama. Staatspräsident Noriega wurde entmachtet und inhaftiert. Angeblich, um die Demokratie einzuführen. Das amerikanische Fernsehen zeigte jeden Tag Massendemonstrationen aus Panama. Was dabei auffiel: Es demonstrierten fast nur Weiße, obwohl der überwiegende Teil der Bevölkerung Panamas bekanntlich nicht weiß ist. Für die Akzeptanz der amerikanischen Politik in der Panama-Frage war das jedenfalls sehr günstig, ich meine innerhalb der amerikanischen Bevölkerung. Das ist noch ein vergleichsweise harmloses Beispiel, es gibt bekanntlich viel dramatischere.

Welche Chancen bietet demgegenüber das Internet?

■ Zum Fernsehbildschirm als Quelle der Wahrheit hat sich nun auch noch der Computerbildschirm gesellt. Die beiden Bildschirme verstärken einander. Das World Wide Web scheint alle Dinge zu enthalten, die auf dieser Welt wichtig sind. Es liefert eine unüberschaubar große Datenflut ins Haus, die einen zum Staunen bringt. Aber in ihrer Konsequenz bedeutet sie eher eine Desinformationsflut.

Außerdem – und das darf nicht übersehen werden – bedeutet auch diese riesige Datenflut, ähnlich dem riesigen Angebot an Fernsehprogrammen, eine Auswahl, die von demjenigen getroffen wurde, der sie ins Netz gestellt hat. Es ist also beinahe dasselbe. Das Internet ist ein großer Müllhaufen – zugegeben mit einigen Perlen darin, aber die muss man erst einmal finden.

Aber das Internet bietet schließlich vielen Menschen die Möglichkeit, eine Vielzahl und Vielfalt von Informationen zu bekommen. Menschen, die aus verschiedenen Gründen lange davon ausgeschlossen waren.

■ In gewissen Zusammenhängen sollte man sehr vorsichtig sein mit dem Wort Information, denn es wird nicht nur inflationär, sondern auch falsch angewendet. Die Signale im Computer sind keine Informationen. Es sind „nur" Signale. Und es gibt nur einen Weg, aus Signalen Informationen zu machen, nämlich die Signale zu interpretieren. Dazu muss man das menschliche Gehirn benutzen, denn Interpretation bedeutet natürlich geistige Arbeit.

Um noch einmal auf den Müll im Internet zu kommen: Wir dürfen nicht vergessen, dass das Internet mittlerweile ein Massenmedium ist. Und es scheint beinahe ein Naturgesetz zu sein, dass jedes Massenmedium zu fünfundneunzig Prozent Unsinn produziert. Wir haben ja gerade über das Fernsehen gesprochen. Es ist immer dasselbe: Am Anfang waren mit den Massenmedien – Radio, Fernsehen – Wünsche, Visionen und Hoffnungen verbunden. Man war allgemein optimistisch, sogar euphorisch. Man erwartete beispielsweise, dass die allgemeine Bildung der Menschen verbessert würde.

Mir fällt eine Rede von Herbert Hoover ein, dem ehemaligen amerikanischen Präsidenten. 1926, als er noch Wirtschaftsminister war, hat er in Philadelphia anlässlich der Präsentation des ersten Radios eine begeisterte Rede gehalten.

Er schwärmte, nun sei es endlich möglich, Wissen und Kultur im ganzen Land zu verbreiten. Er prophezeite Kultur und Sprache eine ganz neue Bedeutung. –By the way: Man müsste jemanden, der das heute behauptet, zwingen, im Auto von Los Angeles nach New York zu fahren und dabei permanent Radio zu hören ... –

Die gleichen Hoffnungen werden jetzt auch beim Internet geweckt.

Fast zu allen Fragen und Problemen ist heute irgendwo irgendetwas im Internet, im World Wide Web, zu finden.

Mir fällt dabei das Bild der amerikanischen Bibliothek in Washington ein, der Library of Congress. Das ist ein absolut imposantes Gebäude. Ich stelle mir eine Familie vor, die diese Sehenswürdigkeit besucht. Die Eltern erklären ihren Kindern, dass hier fast das gesamte aufgeschriebene Wissen der Menschheit zu finden ist. Vielleicht denkt die kleine Tochter oder der kleine Sohn dann: „Also dann stelle ich jetzt eine Frage und warte auf die Antwort." Aber so einfach ist es nicht.

Auch wir haben, so scheint es jedenfalls, angesichts der Fülle von Daten und Materialien, die im Internet erreichbar sind, die Illusion, dass wir nur eine Frage zu stellen brauchen und es kommt dann schon das Richtige heraus. Leider stimmt das aus verschiedenen Gründen nicht. Das Internet funktioniert nicht wie ein Automat, bei dem ich eine Münze einwerfe und dann das Gewünschte erhalte.

Und außerdem, was die Verfügbarkeit des World Wide Web betrifft: Es stimmt einfach nicht, dass jeder Zugang zur sogenannten Informationsgesellschaft hat. Ein wesentliches Kriterium dafür hat wenig mit dem Internet selbst zu tun, es befindet sich in der Brieftasche: die Kreditkarte. Man könnte sie sogar als Mitgliedskarte der Informationsgesellschaft bezeichnen. Wenn man keine besitzt, ist man bestimmt kein Mitglied.

Auch ein so gebräuchliches Wort wie „jeder" wird heute inflationär, ja sogar falsch benutzt. Wir tun so, als seien wir „jeder": „Jeder wird in Kürze einen PC haben, jeder hat Zugang zum World Wide Web." Nein, ein großer Teil der Menschen auf der Welt wird es nicht haben, genau wie ein großer Teil der farbigen Frauen in den USA, also einem der reichsten Länder der Welt, während ihrer Schwangerschaft niemals einen Arzt sieht und in naher Zukunft nicht sehen wird.

Aber zurück zur sogenannten Informationsgesellschaft: Die Sprache des World Wide Web ist nach wie vor Englisch, weitaus mehr als die Hälfte der Weltbevölkerung spricht jedoch kein Englisch. Wieder ein Ausschlussfaktor.

Zurück zum Inhalt: Sie haben eben die Perlen im Internet erwähnt – die gibt es also auch?

■ Natürlich gibt es auch Perlen im Internet. Aber um die zu finden, braucht der Benutzer eine gewisse Kompetenz. Man muss sich für einen Fachbereich entscheiden, in dem man sich bereits auskennt. Man muss auf jeden Fall so viel wissen, dass man in der Lage ist, eine gute Frage zu formulieren.

Was ist eine gute Frage?

■ Ihre letzte zum Beispiel. Aber dazu möchte ich wieder einmal eine kleine Geschichte aus meiner Familie erzählen: Eine meiner Töchter – sie war damals vielleicht sieben Jahre alt – saß neben mir und schaute sich meinen Fotoapparat genau an. Dann fragte sie mich: „Was haben die Zahlen 1.4, 2, 2.8, 4, 5.6, 8 miteinander zu tun?"

Sie hatte also die Zahlen am Kameraobjektiv gelesen und wollte wissen, in welchem Verhältnis sie zueinander stehen. Ich habe ihr spontan geantwortet: „Das ist eine gute Frage." Bevor ich es ihr erklären wollte, musst ich ihr einfach erst einmal sagen, wie sehr sie mich beeindruckt hatte. Sie ließ nicht locker und fragte weiter: „Was ist eine gute Frage?" Da konnte ich nicht umhin, ihr wiederum erst einmal zu versichern: „Das ist auch eine gute Frage."

Für mich ist eine gute Frage vergleichbar mit dem Entwurf eines Experiments, zum Beispiel in der Physik. Man muss erst einmal viel wissen und dann stellt man einen Zusammenhang her und konstruiert beispielsweise in der Physik ein Experiment. Auf diesem Weg befragt man dann die Natur. Dahinter steht der Gedanke oder der Entwurf eines Experiments. Meine kleine Tochter muss doch gewusst oder wenigstens vermutet haben, dass es irgendeinen Zusammenhang innerhalb dieser Reihe von Zahlen gibt. Das ist schon eine Einsicht, die vielleicht nicht jedes siebenjährige Kind hat. Die selbe Tochter hat mich übrigens viel später einmal gefragt: „Daddy, wie spät ist es?", und dann hinzugefügt: „Ich will jetzt aber nicht wissen, wie eine Uhr funktioniert." Soviel zu meiner Tochter und ihren Fragen in der Kindheit.

Wenn ich zum Beispiel mit einer Frage zum Thema Grammatik ins Internet gehe, kann ich tatsächlich einen Goldschatz oder einen ganzen Sack von Perlen finden. Es reicht aber nicht aus, in eine Suchmaschine einfach nur den Begriff „Grammatik" einzutippen. Ich muss schon eine spezifische Frage haben. Sie ist die Voraussetzung dafür, dass ich auf etwas stoße, was mich weiterbringt und zu etwas Neuem führt. Das ist natürlich kein Schrott, aber das ist ja auch etwas ganz anderes als das einfache Surfen, bei dem man einen Link nach dem anderen verfolgt. Dieses willkürliche Surfen führt sehr schnell zum Anhäufen von Müll. Wir „googlen", anstatt uns Dinge zu erarbeiten. Auch bei den verschiedenen Chatgroups und Newsgroups wird ganz stark sichtbar, dass sehr viel Unsinn im Spiel ist. Die Analogie zum Fernsehen liegt auf der Hand.

Mit dem Unterschied, dass man dem Internet nicht nur als passiver Konsument gegenüber steht, sondern aktiv etwas hineinsetzen kann, also, sich mit Hilfe des Internets äußern kann.

■ Ich erinnere mich an ein sehr altes Medium, an die Flaschenpost. Es ist wirklich ein sehr demokratisches Medium. Jeder kann eine Botschaft aufschreiben, den Zettel in eine Flasche stecken und diese ins Meer werfen. Die Frage ist nur, wer die Botschaft lesen wird.

Die Möglichkeit, dass jeder etwas ins Internet stellen kann, bedeutet noch nicht sehr viel. Das willkürliche Hineinwerfen bringt genauso wenig wie das willkürliche Fischen.

Eine weitere Analogie zur Einführung des Internet ist auch die vor vielen Jahren in Amerika erfolgte Einrichtung des Citizen Band Radio. Das bot die Möglichkeit, einen Radiosender und Empfänger mit kurzer Reichweite im Auto zu installieren. Es gab darin verschiedene Kanäle, einen für Notfälle, einen für die Polizei und viele freie. Man konnte im Auto sitzen und, wenn man eine Straße oder eine Adresse suchte oder sich verfahren hatte, einfach hineinsprechen: „Kann mir jemand helfen? Ich stehe vor dem Bahnhof." Und dann reagierte jemand und fragte: „Wohin wollen Sie denn?" Es gab damals Leute, die ein solches Radio zu Hause hatten und den ganzen Tag davor saßen, zuhörten und Ratschläge erteilten. Zwei oder drei Jahre lang war dieses Gerät ein

Muss. Jeder musste dieses CB Radio haben, es wurde sogar standardmäßig in neue Autos eingebaut.

Mit dem CB Radio war es jedoch nicht anders als mit den anderen Massenmedien: Sein Inhalt bestand zu 90 Prozent einfach aus Luftblasen. Bei einer spezifischen Frage wie „Ich stehe am Bahnhof und wie komme ich von hier nach irgendwo?" war es schon eine große Hilfe, aber darüber hinaus hatte es keinen Wert. So verschwand das CB Radio sang- und klanglos. Es ist einfach nicht mehr da, und es kann sich kaum noch jemand daran erinnern. Ich weiß noch genau, was bei seiner Einführung über neue Möglichkeiten für die Demokratie vorhergesagt wurde, und trotzdem ist es wieder verschwunden.

Aber es ist doch nicht zu leugnen, dass mit Hilfe des Internets viele weit voneinander entfernte Menschen miteinander kommunizieren können, die sich vorher nicht kennen gelernt hätten.

■ Aber sie lernen sich ja auch jetzt nicht kennen. In den USA gibt es in den Schulen zahllose Projekte, die zum Ziel haben, dass amerikanische Kinder mit Kindern in Australien oder anderswo über das Internet in Verbindung treten. Sie schreiben Mails hin und her, tauschen sich aus. Damit wird die Illusion geweckt, amerikanische Kinder lernen australische Kinder kennen. Aber das ist es ja nicht. Sie lernen sie nicht kennen. Sie beschäftigen sich vielmehr mit ihrem Computer, anstatt zum Beispiel mit ihren Schulkollegen oder Kindern aus der Umgebung zu spielen. Es findet keine menschliche Begegnung statt, sondern eine Pseudobegegnung.

Wenn ich so auf mein Leben zurückblicke, scheint sich tatsächlich vieles zu wiederholen: Dasselbe, was damals über die Möglichkeiten des CB Radios gesagt wurde, wird jetzt über das Internet gesagt: Jeder hat Zugang zu diesem Medium, es ist ganz neu, es bedeutet eine Unterstützung der Demokratie etc.

Sicher trägt das Internet dazu bei, dass sich heute kein Staat mehr völlig abschirmen, Nachrichtensperren installieren oder das eigene Volk so isolieren kann, dass nichts mehr nach außen dringt und umgekehrt. Wenn ich mir jedoch einen Stalin-Staat vorstelle, so würde es doch darin für den Geheimdienst trotzdem möglich sein, die Bevölkerung so zu terrorisieren, dass sie dieses Instrument kaum nutzen würde. Der Geheimdienst in einem so brutalen Regime wird die Bevölkerung abhören und herausfinden, wer wann welche Nachrichten woher entgegen nimmt. Das ist beim Internet zwar nicht so leicht wie bei einem Radiosender, aber es ist überhaupt nicht unmöglich. Man sollte den totalitären Staat, seine Macht und seine Fähigkeit zum Terror nicht unterschätzen.

Wer übernimmt Verantwortung?

Eine weitere wichtige Frage ist natürlich auch die nach der Verantwortung. Wer ist verantwortlich für die Inhalte im World Wide Web?

■ Das ist ein sehr wichtiges und ernstes Thema: Wer ist verantwortlich für Nazi-Webseiten oder Kinderpornos? Man kann es einfach nicht oft genug sagen, dass jedes Medium in die jeweilige Gesellschaft eingebettet ist: Wir leben heute in einer Gesellschaft, in der eine große Scheu davor existiert, Verantwortung zu übernehmen. Das ist ein allgemein-gesellschaftliches Phänomen. Wir sollten uns also nicht wundern, wenn wir in vielen Kontexten, in denen wir überhaupt nicht daran gedacht haben, genau auf dieses Phänomen der Verweigerung von Verantwortung treffen. Verantwortung ist nämlich keine technische Kategorie, sondern eine gesellschaftliche. Und der aktuelle Zustand unserer Gesellschaft ist charakterisiert durch Verweigerung von Verantwortung. Mehr noch: Unsere Gesellschaft hat die Technik entwickelt, Verantwortung so zu verteilen, dass niemand sie hat.

Lassen Sie mich ein Beispiel aus dem militärischen Bereich geben: Der Mensch ist innerhalb der militärischen technischen Systeme das schwächste und unzuverlässigste Glied, jedenfalls wird er als solches betrachtet. Es gab in den letzten Jahren und Jahrzehnten verschiedene Anlässe von großer militärischer Tragweite, bei denen ein einzelner Mensch entscheiden musste, was zu tun war. Ich denke an den iranischen Airbus, der von der amerikanischen Marine über dem Persischen Golf abgeschossen wurde, weil man ihn für ein feindliches, angreifendes Flugzeug hielt. Das war 1988. Letztlich musste ein Mensch entscheiden, ob das gemacht wird oder nicht, und zwar sehr schnell, denn Zeit zu genauerem Überlegen oder Abwägen war einfach nicht da. Wie die Entscheidung ausfiel, ist bekannt. Die Konsequenz, die Reaktion auf diesen Vorfall war nun nicht etwa, den Schießbefehl abzuschaffen, sondern den in einem solchen Fall „verantwortlichen" Menschen, also, den Kommandanten, einfach aus dem System herauszunehmen, indem man es automatisiert.

Damit kommen wir logischerweise – es ist eine furchtbare Logik – zur Entwicklung und Etablierung des „Autonomous Land Vehicle". Dieses Instrument trifft alle Entscheidungen allein, ohne dass ein Mensch dabei sein muss. Man könnte sagen, nun trägt der Computer mit seiner Künstlichen Intelligenz die Verantwortung für alles, was geschieht. Und diese Vorgehensweise bringt darüber hinaus den Vorteil mit sich, dass Menschen, also unsere Soldaten, weniger gefährdet werden. Die anderen, die feindlichen Soldaten werden gefährdet, aber vielleicht haben die mittlerweile ja auch „Autonomous Land Vehicles". Damit sind wir bei dem Bild einer militärischen Auseinandersetzung, das sehr eng mit den populären Videospielen verbunden ist.

Während des Golfkriegs zu Beginn der neunziger Jahre wurde erstmalig immer wieder darauf hingewiesen, dass dieser Krieg, jedenfalls das, was uns von ihm durch die Medien präsentiert wurde, genauso aussah und funktionierte wie ein Videospiel. Er war ein erstes Paradebeispiel für diese Sichtweise, dem leider weitere gefolgt sind.

Die Lektion, die ein Videospiel lehrt, besteht darin, dass die psychologische Entfernung der Konsequenzen einer Tat von der Tat selbst ungeheuer vergrößert werden kann –

man könnte sagen, bis auf ein astronomisches Maß. Die meisten Spiele funktionieren nach dem selben Schema: Die Spieler versuchen, so schnell wie möglich eine große Anzahl von Punkten zu sammeln, um das Spiel zu gewinnen. Menge und Geschwindigkeit sind die Bedingungen für den Sieg. Der Inhalt – also das, was da im Spiel symbolisiert wird, zum Beispiel, dass man ein Schiff versenkt und dass dabei die Matrosen ertrinken, oder dass man ein Flugzeug abschießt und dass der Pilot darin stirbt – ist astronomisch weit weg vom Bewusstsein des Spielers.

Es muss auch so weit weg sein – das ist sozusagen die Voraussetzung und der Garant für das Funktionieren –, denn sonst würde man den Knopf nicht so schnell drücken. Jegliche Bedenken müssen verschwinden zu Gunsten schnellen, zielgerichteten Handelns.

Ich erinnere mich noch gut daran, wie der ehemalige amerikanische Präsident Ronald Reagan auf einer EXPO, einer Weltausstellung, in Florida war und ihm dort gezeigt wurde, wie versiert die Kinder, natürlich in erster Linie Jungen, solche Computerspiele spielen. Sein stolzer Kommentar: Das sind unsere Kampfpiloten der Zukunft! Und er hatte damit völlig recht. Computerspiele ermöglichen ein Training, das gerade für Kampfpiloten und viele andere unserer wahnsinnigen Berufe in dieser wahnsinnigen Welt sehr geeignet ist. Sie trainieren in unvergleichlicher Weise die Verdrängung. Die psychologische Distanz, die Entfernung zwischen dem, was ich tue, und dem, was die Konsequenzen meiner Tat sind, ist so riesig groß, dass diese beiden Dinge einfach nichts mehr miteinander zu tun haben. Wir denken sie nicht einmal mehr zusammen.

Der Golfkrieg von 1991 war ein erstes Paradebeispiel dafür, dem noch viele folgten: Was wir gesehen haben, war die präzise Elektronik und dann eine Art symbolische Explosion – ohne Menschen, ohne Opfer. Wir sahen keine Leichen, keine abgerissenen Köpfe und Gliedmaßen, nichts, was man sonst im Krieg sieht und was uns beim Vietnamkrieg noch gezeigt wurde. Der damalige Präsident Bush hatte immer wieder betont: Das ist nicht Vietnam! Im Nachhinein denke ich, er meinte damit: Diesmal werden wir keine solchen Bilder sehen wie in Vietnam, weder Tote noch Blut, am besten verzichten wir ganz auf die Farbe Rot.

Diese Art der Berichterstattung ermöglichte der Weltöffentlichkeit – jedenfalls der amerikanischen Öffentlichkeit –, über das zu jubeln, was da gemacht wurde, und ganz besonders die Technik und ihre Triumphe zu feiern. Diese Berichterstattung ermöglichte zu jubeln, ohne die riesige Entfernung zu überschreiten zwischen diesen Taten und ihren Konsequenzen für sicherlich hunderttausend Menschen, die dabei getötet wurden. Da haben wir also einen sauberen Krieg geführt, wie jeder sehen konnte.

Ich stelle mir einen Piloten in einem B52 Flugzeug vor, das in zehntausend Metern Höhe fliegt. Ein elektronisches Signal auf einem kleinen Bildschirm sagt ihm, dass er das Ziel erreicht hat und jetzt die Bomben abwerfen muss. Er drückt auf einen Knopf. Die Bomben fallen. Er kann sie nicht sehen. Er ist weit weg, wenn sie unten ankommen. Er kann sie nicht hören. Ganz bestimmt kann er die Schreie der Menschen nicht hören. Und nur aufgrund dieser psychologischen Entfernung von den Auswirkungen seines Tuns wird es ihm möglich, diesen Knopf zu drücken.

Ich möchte nicht missverstanden werden: Ich will damit nicht sagen, die Videospiele haben Schuld daran. Das wäre natürlich Unsinn. Aber sie haben uns sehr viel gelehrt und gut vorbereitet.

Zurück zur wissenschaftlichen Forschung: Wir haben uns auch hier daran gewöhnt, eine riesige psychologische Distanz herzustellen zwischen unserem Tun und den Auswirkungen unseres Tuns. Ich denke jetzt an meine Erfahrungen an der Universität zur Zeit des Vietnam-Kriegs. Wie oft habe ich am MIT eine Rechtfertigung wie diese gehört: „Ich weiß ja, dass das Geld für meine Forschung vom Pentagon kommt, aber trotzdem habe ich die Freiheit, zu tun und zu lassen, was ich will. Niemand schreibt mir die Inhalte meiner Arbeit vor. Was ich im Einzelnen mache, bleibt mir überlassen."

Oder „Es ist nicht mein Job, herauszukriegen, was mit meiner Arbeit passiert."

Oder die hinlänglich bekannte Rechtfertigung, mit der deutsche Wissenschaftler in der Nazizeit versuchten, ihr Gewissen zu beruhigen: „Wenn ich es nicht tue, dann tut es ein anderer. Wenn ich mich weigere, im Dienst des Militärs zu forschen, dann verhindere ich damit nicht diese Forschung, sondern überlasse sie meinem Nachfolger. Warum also sollte ich es nicht tun?"

Die Mehrheit der deutschen Wissenschaftler während des Dritten Reichs vertrat die Auffassung: Wir sind Wissenschaftler, Politik geht uns nichts an, der Führer entscheidet.

Ich habe einmal in der Aula der Johann Wolfgang Goethe Universität in Frankfurt gesprochen. Es ist eine wirklich schöne Aula, aber ich konnte die Umgebung nicht genießen, denn mir war zu jeder Sekunde bewusst, dass auch Doktor Mengele – ich betone bewusst den Doktortitel – dort einmal gesprochen hat. Ja, es waren gut ausgebildete, promovierte Menschen, die an den angesehensten Universitäten der Welt studiert hatten ...

Ich denke auch an Wernher von Braun, der ein Buch geschrieben hat mit dem Titel „I aimed for the stars" („Ich strebte nach den Sternen"), für das ich irgendwann einmal den passenden Untertitel erfunden habe: „– but sometimes I hit London" („– aber manchmal traf ich London"). Er pflegte auf solche Fragen zu antworten: „That's not my department" („Das ist nicht mein Verantwortungsbereich") – Ende.

Oder mein alter Kollege in der Künstlichen-Intelligenz-Forschung an der Carnegie Mellon University, Herbert Simon, mit dem ich über diese Frage längere Debatten geführt habe. Er erklärte: „In Amerika haben wir eine repräsentative Regierungsform. Wir übergeben unseren gewählten Abgeordneten die Entscheidung, wofür unsere Wissenschaft verwendet wird. Und wenn uns das nicht gefällt, dann können wir andere wählen." Ich finde, das ist eine Art Abdankung der eigenen kritischen Fähigkeiten.

Kindheit in Berlin

Zur Zeit des Nationalsozialismus waren Sie ein Kind. Ihre heutige Berliner Wohnung liegt nicht weit von der Straße, in der Sie aufgewachsen sind. Wie präsent ist Ihnen Ihre Kindheit? Können Sie sich das Kind Joseph Weizenbaum und das, was dieses Kind damals in Berlin bewegt hat, noch vorstellen?

■ Ach, ich kann mich noch sehr gut erinnern. Als Kind war ich ständig auf der Suche nach der Anerkennung meines Vaters. Diese Erinnerung ist mir wirklich deutlich präsent. Ich brauchte die Zuwendung meines Vaters. Und da dieser nicht für mich da war, übertrug ich seine Rolle irgendwann auf meinen Bruder Heinz. Auch das ist mir heute bewusst. Nach den Schilderungen meiner Mutter bin ich oft sehr aggressiv, sogar gewalttätig gegen meinen Bruder gewesen. Ich wollte unbedingt etwas von ihm: Vaterliebe. Nicht die Liebe der Mutter, die ich als erstickend empfand und die ich im Übermaß erhielt, sondern etwas anderes. Mein Vater war nicht für mich da, also wandte ich mich an den älteren Bruder. Natürlich stand Heinz meinen Forderungen ratlos gegenüber. Er war von mir total überfordert und verstand überhaupt nicht, was ich von ihm wollte. Er war ja selbst noch ein Kind, nur wenige Jahre älter als ich.

1935 schickten uns unsere Eltern für ein halbes Jahr nach Wyk auf Föhr. Dieser Aufenthalt gehört zu den wichtigsten Ereignissen meiner Kindheit. Ich habe in meinem Leben immer wieder ganz intensiv daran gedacht. Ja, ich kann sagen, dass ich sogar heute noch so etwas wie eine pathologische Sehnsucht nach dieser Zeit und nach diesem Ort mitten im Meer habe. In meinen Träumen tauchen häufig Bilder von damals auf: der kleine Hafen mit den Fischerbooten und die Straße, die einmal ganz von Wellen überflutet wurde. Wenn ich im Kino Szenen von einer Sturmflut sehe, stellt sich bei mir sofort und sehr plastisch diese Erinnerung an Wyk auf Föhr ein.

Warum war gerade dieser Ort für Sie so wichtig?

■ Es hatte mit meinem Bruder zu tun. Im Kinderheim in Wyk auf Föhr hatte ich Heinz endlich ganz für mich. Wir schliefen in einem Raum, sagten einander abends „Gute Nacht" und wünschten uns nach dem Aufwachen einen guten Tag. Da war so viel Gemeinsamkeit jeden Tag, obwohl wir zwei völlig unterschiedliche Charaktere waren. Ich sehe uns genau vor mir: mein Bruder selbstbewusst, aktiv, neugierig auf die neue Umgebung und ich schüchtern, linkisch und immer irgendwie schuldbewusst. Ich wusste wohl schon damals, dass ich Heinz mit meinen Ansprüchen überforderte, denn auch er suchte einen Vater. Mein Vater war ja nicht nur für mich unerreichbar, sondern auch für meinen Bruder. Der fand dann viel später „seinen" Vater in der katholischen Kirche und in ihren Repräsentanten.

Besonders an ein Ereignis erinnere ich mich noch ganz genau: In unsere Zeit in Wyk auf Föhr fiel Heinz' Geburtstag. Die Eltern schickten ihm ein Paket aus Berlin. Es enthielt einen Füller. Ich beneidete ihn glühend darum. Nichts hätte ich damals lieber besessen. Wie er selbst zu diesem Geschenk stand, ob er sich einen Füller gewünscht hatte oder ob es eine Überraschung der Eltern war, weiß ich nicht mehr. Ich weiß nur, ich hätte mir damals nichts sehnlicher gewünscht.

Also hoffte ich auf meinen Geburtstag, der sechs Wochen später war. Als ich das Paket öffnete, war die Enttäuschung groß. Was ich tatsächlich geschenkt bekam, weiß ich nicht mehr, jedenfalls war es nichts, was mich freute oder irgendwie mit mir zu tun hatte.

Es hat dann ziemlich lange gedauert, bis ich mir selbst einen Füller kaufen konnte. Viele Jahre. Heute besitze ich eine stattliche Sammlung von Füllfederhaltern. Ich schreibe sehr gern damit, vor allem Briefe, Notizen und Tagebuchaufzeichnungen.

Welches Verhältnis hatten Sie zu Ihren Eltern?

■ Unser Vater stammte aus einer jüdisch-orthodoxen Familie und war in Galizien geboren. Im Alter von zwölf Jahren kam er nach Deutschland. Ich erinnere mich an ihn als an einen strengen Mann ohne menschliche Wärme. Er konnte sie uns nicht geben, er konnte sie nicht vermitteln, weil er sie selbst vielleicht nie erfahren hatte.

Er war Kürschnermeister. Auf seinen Meisterbrief war er sehr stolz, überhaupt auf sein Handwerk und dass er alles, was er verkaufte, selbst angefertigt hatte. Er war ohnehin ein selbstbewusster Mann, nicht besonders religiös, doch es war für ihn selbstverständlich, mich und meinen Bruder auf eine Schule zu schicken, in der man die Thora studierte, ohne dass jemals darüber geredet wurde.

Obwohl wir ja in enger räumlicher Nähe lebten – seine Kürschnerwerkstatt war ein Teil unserer Berliner Wohnung in der Charlottenstraße, Ecke Jägerstraße – hatten wir beide, er und ich, so gut wie nichts miteinander zu tun. Ich wüsste nicht, dass wir irgendwann einmal etwas wirklich Relevantes gemeinsam besprochen hätten. Ich kann mich an überhaupt kein halbwegs ernsthaftes Gespräch zwischen uns erinnern. Ich glaube, meistens nahm er mich gar nicht wahr. Die Distanz zwischen uns schien unüberbrückbar groß.

Mit meiner Mutter war es anders, aber sie kam mir zu nah. Viel zu nah. Ich fürchtete, an ihrer Liebe zu ersticken. Zeitweise verhielt ich mich ablehnend. Das hat sie nie verstanden. Und ich habe nicht verstanden, was sie von mir wollte.

Da waren also vier Menschen in unserer Familie: der Vater, die Mutter, die beiden Söhne Heinz und Joseph. Alle suchten letztlich nach Liebe. Vom Vater bekam sie keiner. Deshalb wich die Mutter zunächst auf ihren großen Jungen aus, dann auf den kleinen. Der große Bruder wandte sich der Außenwelt zu und war für mich fast gar nicht mehr da.

Sie waren also ein sehr einsames Kind.

■ Es gab zum Glück Kindermädchen. Da die Mutter im Geschäft mitarbeitete und für uns Kinder nur begrenzt Zeit hatte, mussten Heinz und ich beaufsichtigt werden. Dazu wurden Kindermädchen eingestellt. Leider blieben sie nie lange im Haus, sondern wechselten meistens nach kurzer Zeit. Für uns Kinder kam dies jedes Mal unerwartet, unvorbereitet und ohne nachvollziehbaren Grund. Meine Eltern ahnten nicht, welche Tragödie das für mich und wahrscheinlich auch für meinen Bruder bedeutete. Ich liebte nämlich das jeweilige Kindermädchen, das uns gerade betreute, und konzentrierte meine Wünsche und meine Zuwendung auf sie. Ihr plötzliches Verschwinden, der abrupte Austausch gegen ein neues Kindermädchen wurde zur traumatischen Erfahrung für mich. Eine schlimme Erfahrung, die sich oft wiederholte und meinen Gefühlshaushalt völlig durcheinander brachte. Und allmählich entwickelte ich schon damals eine Art Misstrauen gegen Gefühle überhaupt. Ich hatte drastisch erfahren, dass es gefährlich war, jemanden zu lieben – und das mehr als einmal. Denn es tat weh, wenn dieser jemand verschwand.

Was meine Eltern betraf, so kann ich mich nicht an die geringste zärtliche Geste zwischen meinem Vater und meiner Mutter erinnern. Nicht an die flüchtigste Umarmung oder einen kleinen Kuss auf die Wange. Im Gegenteil, meine Erinnerungen sind ganz anderer Art: Einmal hatten meine Eltern zu einem Abendessen eingeladen. Es kamen Leute mit Orden und Parteiabzeichen. Einige trafen zu früh bei uns ein, die Mutter war noch im Bad. Der Vater empfing die Gäste. Plötzlich öffnete er die Badezimmertür und präsentierte einem Gast seine Frau. Meine Mutter brach in Tränen aus. Er zeigte sie so, wie man einen Besitz präsentiert. Stolz und selbstherrlich. Sie war ja seine zweite Frau und viel jünger als er. Als sie 1920 heirateten, war sie 19 und er bereits über 40. Ich glaubte schon als Kind, dass er sie einfach gekauft hatte und als sein Eigentum betrachtete. Sie gehörte ihm wie ein Möbelstück. Und genauso ging er auch mit ihr um. Jedenfalls in Berlin, bevor wir emigriert sind.

Emigration in die USA

Wie haben Sie die Emigration erlebt?

■ Mein 13. Geburtstag, also der 8. Januar 1936, war unser letzter Tag in Berlin, bevor wir nach Amerika auswanderten. Wir wurden am frühen Morgen von einer jungen Frau mit einem Cabriolet abgeholt und fuhren die Avus entlang zu einem Haus im Grunewald, einer Art Pension, die der Schifffahrtsgesellschaft gehörte, bei der wir unsere Überfahrt gebucht hatten. Dort blieben wir bis zu unserer Abreise nach Bremerhaven, dem Hafen, von dem aus wir in die Neue Welt starten wollten. Mit uns zusammen wohnte dort ein junger Mann, ein Inder, der gern und oft nach Berlin in ein Kino fuhr, in dem englische Filme gezeigt wurden. Das hat mich damals sehr beschäftigt, denn ich wusste ja, dass Englisch bald auch meine Sprache werden würde. Ich fand es erstaunlich, dass es in Berlin ein Kino gab, in dem man diese neue Sprache jeden Abend ganz selbstverständlich hören konnte. Es war aufregend.

Schon die Fahrt auf der Avus war für mich ein Abenteuer gewesen, an das ich mich noch heute genau erinnere. Unsere Chauffeurin, eine Jüdin, meinte, sie würde das Auto bestimmt nicht mehr lange behalten dürfen. Ich konnte mir damals nur vage vorstellen, worauf sie anspielte.

Als ich unser Schiff, die „Bremen", das erste Mal erblickte, war ich sehr beeindruckt von seiner Größe, die einem riesigen Haus entsprach. Ich hatte so etwas vorher noch nie gesehen. Es gab darin einen großen prächtigen Saal. Ich wusste nicht, wozu er diente.

An die Überfahrt selbst habe ich nur wenige Erinnerungen, aber da ist wiederum eine, die sich eingebrannt hat: Ich sah an Deck eine Frau im Liegestuhl sitzen. Sie war eingepackt in Decken. Der Steward bot ihr eine warme Suppe an. Sie sprachen Englisch miteinander. Dann redete sie mich auf Deutsch an. Als der Steward kam, wechselte sie wieder selbstverständlich ins Englische. Von dieser lässigen Zweisprachigkeit war ich verblüfft. Ich bewunderte sie sehr.

Das Schiff lief zuerst den Hafen von Southampton, England, an und fuhr von dort aus weiter nach New York. Die Überfahrt dauerte eine knappe Woche. Wir fuhren in der zweiten Klasse, was ein großer Luxus war. Geld hatten wir ja nicht mitnehmen dürfen, also hatte mein Vater einen großen Teil in die Überfahrt gesteckt.

Mein erster englischer Satz, den ich noch in Berlin in der Jüdischen Knabenschule gelernt hatte, lautete: „The Sun ist high in the sky", und ich verstand nicht, was der Lehrer meinte, als er uns das „th" beibrachte. Auf der Überfahrt mit dem Ziel New York überlegte ich mir, wie wohl das Wort „new" ausgesprochen wurde.

Es war ja ein Glück, dass sich Ihr Vater zu einem relativ frühen Zeitpunkt entschlossen hatte, Deutschland zu verlassen.

■ Es war ein Glück, aber auch lange ein Rätsel für mich. Ich habe mich später oft gefragt, warum mein Vater sich damals zur Emigration entschlossen hatte. Sie haben recht, es war relativ früh, zu einer Zeit, als viele Juden noch zögerten. Warum reagierte also gerade mein Vater so klug und vorhersehend? Er war nicht besonders weise – nach meiner Einschätzung – geschweige denn von großer politischer Einsicht. Hier hat er sie jedoch bewiesen. Wie es dazu kam, ist

44

mir im Nachhinein nur bruchstückhaft deutlich geworden und ich habe mir aus vielen Andeutungen schließlich eine plausible Erklärung zusammengesetzt. Gesprochen wurde darüber nicht in unserer Familie, auch nicht in Amerika nach vielen Jahren. Ich war also auf meine eigenen Beobachtungen angewiesen: Irgendwann einmal war der Vater eine Woche lang weg gewesen. Von einem Tag auf den anderen verschwunden. Das musste uns Kindern ja auffallen, denn, wie gesagt, seine Werkstatt und sein Büro waren ein Teil unserer Berliner Wohnung.

Kurz vor seinem Verschwinden – es war 1935 – hatte ich einmal einen SA-Mann im Büro meines Vaters sitzen sehen. Mein Vater wirkte sehr ernst und angespannt. So nebenbei hatte ich aufgeschnappt, dass es bei ihrem Gespräch um eine unserer Angestellten ging. Mein Vater hatte wohl – so interpretierte ich ihre Auseinandersetzung – mit ihr geschlafen. Die Kindermädchen oder Dienstmädchen, die unsere Familie beschäftigte, waren ja alle noch sehr jung, bestimmt keine 18. Der SA-Mann war ihr Freund und wollte den Vater erpressen. Ja, und danach war der Vater eben eine Woche verschwunden und darüber wurde nicht gesprochen. Kein Wort, wo er war. Kein Wort, warum er fort war. Die Mutter verhielt sich normal, zeigte Haltung, auch nach seiner Rückkehr. Und er sah aus wie immer, als er wiederkam, nicht misshandelt, aber man musste ihn irgendwie eingeschüchtert haben.

War Ihnen damals klar, dass es notwendig war, Deutschland zu verlassen? Fühlten Sie sich bedroht?

■ Als wir – mein Vater, meine Mutter, mein Bruder Heinz und ich – 1936 Deutschland verließen, wusste ich, dass wir nun etwas Bösem entkommen würden. Es war mir klar, dass es sich um eine Flucht handelte, eine real notwendige Flucht, nicht nur etwas, was sich meine Eltern eingebildet hatten. Ich machte mir gleichzeitig große Sorgen um die Kinder in der jüdischen Knabenschule in der Kaiserstraße, in die ich in Berlin zuletzt gegangen bin, ich bangte um meine Schulkameraden. Ich hatte Angst, sie würden nicht rechtzeitig wegkommen. Ich konnte zwar nicht wissen, wie schlimm es tatsächlich werden würde, aber ich war schließlich schon 13 Jahre alt und hatte ein Gespür für Bedrohung und Gewalt.

Ich staunte über meinen Vater, weil ich damals schon wusste, dass es ziemlich mutig war, diesen Schritt zu wagen und in eine ganz neue Welt zu gehen. Zwar gab es eine gewisse Verbindung nach Amerika, denn eine Schwester meines Vaters lebte dort, aber er war damals schon über 50, also viel zu alt für einen unkomplizierten Neuanfang. Außerdem durfte man ja, wie gesagt, kein Geld mitnehmen. Ich staunte über seine Besonnenheit und seinen Mut.

Für mich selbst gab es jedoch noch einen weiteren Konflikt: Ich wollte eigentlich nach Palästina. Ich hatte begonnen, mich mit zionistischen Ideen auseinander zu setzen und da war ein Leben in Palästina natürlich die logische Konsequenz. Ich fragte meine Eltern, ob es nicht möglich wäre, dass sie mit meinem Bruder nach Amerika gingen und ich nach Palästina. Meine Mutter war bestürzt und antwortete, sie sei nicht bereit, mich so einfach loszulassen. Ich sei noch zu jung, um allein fortzugehen. Das habe ich damals akzeptiert, weil ich sie und ihre Bedenken verstanden habe und weil mir Amerika natürlich auch verlockend erschien.

Ich erinnere mich genau, wie ich dann im Büro des Rektors der jüdischen Knabenschule saß. Er durfte sich mittlerweile übrigens nicht mehr Rektor nennen, das war ihm als

Jude verboten worden. Jedenfalls sagte er mir in seinem Büro auf Wiedersehen und irgendjemand erwähnte, dass es schön wäre, wenn ich eine Kiste Orangen aus Florida schicken würde. In diesem Moment wurde mir plötzlich bewusst, dass sie dann vielleicht gar nicht mehr hier sein würden, um die Orangen in Empfang zu nehmen. Warum mir das gerade in diesem Moment so klar wurde, weiß ich nicht, aber der Augenblick der Bewusstwerdung ist mir sehr präsent. Es ist einer von den elementaren Augenblicken im Leben, in denen man plötzlich etwas Wesentliches in seiner ganzen Tragweite begreift. Wie fast immer in solchen Fällen weiß man nicht, warum es gerade in diesem Moment geschieht.

Hatten Sie in Berlin schlimme Erfahrungen gemacht?

■ Nein, es war nicht so, dass ich selbst etwas besonders Schlimmes erlebt hatte. Überhaupt nicht. Auch mein Bruder nicht, so weit ich weiß. Gleich nach unserer Ankunft in Detroit sprachen uns junge Leute in einer Synagoge an – sie redeten nicht Deutsch, sondern Jiddisch – und wollten von Heinz und mir wissen, wie es in Deutschland aussah und welches Schicksal die Juden dort erleiden mussten. Wir sollten ihnen erzählen, was wir gesehen hatten. Sie erwarteten fürchterliche und grausame Berichte, aber die konnten wir ihnen gar nicht liefern. Wir hatten überhaupt keine Erfahrungen dieser Art. Zu dem Zeitpunkt, als wir Deutschland verließen, standen immer noch die Grausamkeiten gegen politische Gegner im Vordergrund. Gerade in der Gegend, in der wir wohnten, also in der Jägerstraße, gab es eine SA-Kneipe. Man konnte ab und zu sehen, dass Menschen dort hineingezerrt wurden. Jeder wusste, dass in den Hinterzimmern furchtbare Dinge passierten. Sogar uns Kindern war das bekannt, aber es gehörte damals zu unserem Alltag. Wir lebten einfach in einer grausamen Gesellschaft. Das ja, aber ich muss noch einmal betonen, mir selbst ist kaum etwas passiert, außer manchmal auf dem Weg zur jüdischen Knabenschule von Hitlerjungen angepöbelt zu werden. Es kam vor, dass irgendwo eine kleine Gruppe wartete und man sich prügelte, aber nicht wirklich schlimm. Im Übrigen war ich damals streitbar und wusste mich zu wehren. Ich bin nie so nach Hause gekommen, dass meine Mutter erschrocken fragte: „Mein Gott, was ist mit dir geschehen?"

Was ich an Zurücksetzung oder Diskriminierung erfahren hatte, betraf den erzwungenen Schulwechsel. Nach der Machtübernahme der Nationalsozialisten mussten wir jüdischen Kinder das Luisenstädtische Realgymnasium verlassen. Ich wechselte auf die jüdische Knabenschule. Dort traf ich zum ersten Mal ostjüdische Kinder und das war für mich eine ganz neue Erfahrung. Ich glaube, ich hatte vorher überhaupt nicht gewusst, dass es Ostjuden gab, geschweige denn Jiddisch gehört. Schnell schloss ich Freundschaft mit einem ostjüdischen Klassenkameraden und ließ mich von ihm in seine Welt einführen. Ich lernte das jüdische Ghetto in Berlin rund um die Grenadierstraße kennen. Was aber noch viel wichtiger war, ich lernte jüdischen Antisemitismus kennen, nämlich den der deutschen Juden gegenüber den Ostjuden.

In diesem Zusammenhang fällt mir noch etwas sehr Wichtiges ein: In Deutschland gab es damals verschiedene Arten von Polizisten. Es gab zum Beispiel den Kriminalpolizist, „detective" würde ich vielleicht heute sagen, und es gab den „Schupo". Der Schupo war der Schutzpolizist. Er war immer in der Nähe und kannte die Leute im Viertel. Uns Kindern wurde beigebracht, dass wir auf seine Hilfe vertrauen konnten, wenn wir uns verlaufen hatten oder in der Stadt nicht zurechtkamen. Das war wichtig in einer Großstadt. Wir hatten verinnerlicht, dass man sich bei Schwierigkeiten immer an den Schupo wenden konnte. Er würde helfen, er würde alles in Ordnung bringen. Das war so etwas wie ein tiefer Glaube, eine Art Tradition, besonders unter uns Kindern. Und dann, Anfang 1933, war das auf einmal nicht mehr der Fall. Sozusagen von einem Tag zum anderen. Das war erschreckend. Ich glaube, das hat schwere Folgen gehabt für die Haltung und das Lebensgefühl jüdischer Kinder. Für meines sicherlich. Plötzlich war dieser Schupo kein Freund mehr. Man konnte nicht mehr auf ihn zählen.

Ein extremer Sicherheitsverlust.

■ O ja, damit ging sehr abrupt, wie ich mich erinnere, sehr viel an Sicherheit verloren. Ich weiß nicht, ob der Schupo auch in anderen deutschen Städten diese Symbolfigur war. In Berlin, jedenfalls in dem Teil von Berlin, in dem wir wohnten, Berlin Stadtmitte, war er es. Er war in einem gewissen Sinn die Gerechtigkeit, er war das Gesetz. Ich weiß nicht, wie die Erwachsenen darüber dachten, aber für uns Kinder war er das ganz bestimmt. Es wurde uns von klein auf gelehrt, mit so einer Überzeugungskraft, dass wir es tatsächlich glaubten. Jeder von uns Berliner „city boys" hatte mindestens einmal die Erfahrung gemacht, in dieser großen Stadt verloren zu gehen. Ja, und da wandte man sich eben an den Schupo, der einen nicht abwies oder weiter schickte, sondern sich sofort darum kümmerte. Er war mehr als eine Hilfsperson, er war ein Freund. Man konnte auf ihn zählen, man konnte ihm blind vertrauen. Und das war auf einmal vorbei. Mehr noch: Er wurde sogar zum Feind. Er trug nun das Hakenkreuz an seiner Uniform und für einen Juden war es deshalb ratsam, ihn nicht mehr anzusprechen. Seine „Verwandlung" bedeutete für uns jüdische Kinder nicht nur einen Verlust, sondern sogar eine weitere Gefahr.

Der öffentliche Antisemitismus und die Ausgliederung der Juden aus allen möglichen sozialen Gruppen, Schulen, Institutionen, Theatern hatte allerdings zur Folge, dass die Juden sich untereinander annäherten. Es entstand eine ganz neue Qualität der Kameradschaft, ohne das jetzt idealisieren zu wollten. Es gab ja in Deutschland nicht nur Antisemitismus, es gab auch ein jüdisches Leben. Die Juden in Berlin waren eben nicht fast unsichtbar wie in großen Teilen Amerikas, wo es zwar eine Synagoge und jüdische Viertel in den Städten gab, die Juden jedoch insgesamt viel stärker in die Gesellschaft integriert waren. Das war in Deutschland auch vor Hitler nicht der Fall. Es gab in Deutschland einige reiche Juden und vor allem viele arme Juden. Und es gab Konflikte zwischen den orthodoxen Juden und den Reformjuden, zwischen Zionisten und Nicht-Zionisten.

Anders sein als Chance

Wie haben Sie sich in Amerika zurechtgefunden?

■ Da war also dieser 13-jährige Junge, Joseph, der gezwungen war, alles, was er kannte, sein Wohnviertel, seine Schule und die Menschen, die ihm vertraut waren, seine Freunde und seine Schulkameraden, hinter sich zu lassen. Alles das, seine ganze damalige Welt, verschwand für ihn und wurde durch etwas Neues ersetzt – zum Beispiel durch neue Schulkameraden, deren Sprache er am Anfang nicht verstand und auch nicht sprechen konnte. Denn ich sprach zuerst überhaupt kein Englisch und dann ein schwaches Englisch und später immer mit einem gewissen Akzent. Ja, da ist man eben anders.

Es gab so vieles, was die Kinder in Amerika schon im Kindergarten gelernt hatten und was ich nicht kannte und nicht wusste. Ich war bestimmt mindestes 15, als ich zum Beispiel erfuhr, dass es in Amerika einen Bürgerkrieg zwischen dem Norden und dem Süden gegeben hatte. Für mich war das erstaunlich und ganz neu. Alle anderen Kinder wussten das natürlich. Was und wie viel sie tatsächlich davon wussten, ist eine andere Sache. Jedenfalls entlarvte ich mich durch diese Form des Nichtwissens sofort als Außenseiter. Und ähnliche Situationen gab es immer wieder. Dazu kommt noch, dass ich damals in der Pubertät war, also ohnehin, wie fast jeder Jugendliche in diesem Alter, etwas verwirrt.

Ich hatte damals eigentlich nur zwei Alternativen: Die eine bestand darin, mich so schnell wie möglich an die neue amerikanische Umgebung und an meine Klassenkameraden anzupassen. Also ein richtiger amerikanische Junge zu werden mit Baseball und allem, was dazugehört.

Der zweite Weg lag darin, mein selbst empfundenes Anderssein beizubehalten und sogar irgendwie für mich und meine Entwicklung zu nutzen. Das habe ich getan und es hat mir von Anfang an geholfen, auch im Alltag. Ich war ein Stadtjunge in Berlin gewesen und wurde nun ein Stadtjunge in Detroit, Michigan. Hier gab es auch Antisemitismus, und die Gefahren, die hier lauerten, unterschieden sich nicht so sehr von denen in Berlin. Ich konnte mich nach wie vor sehr gut dagegen behaupten.

Anderssein bedeutet ja nicht nur einen Mangel, nein, es kann auch ein besonderes Talent beinhalten. Ich entdeckte bei mir etwas, das ein Leben lang – ganz offensichtlich bis heute noch – großen Einfluss auf meine Existenz gehabt hat: das Talent für die Mathematik. Mir hatte Mathematik schon in der Schule in Berlin Spaß gemacht und das blieb auch in Detroit so. Mathematik war ja zu einem großen Teil sprachunabhängig. Ich konnte Algebra verstehen, egal, ob auf Deutsch oder auf Englisch darüber gesprochen wurde. Auch in Detroit, von Anfang an. Ich war in Mathematik besser als die meisten meiner Schulkameraden und ich habe mich wirklich dafür interessiert. Dazu kam, das muss ich gestehen, dass ich mich in Detroit gleich in meine Mathematiklehrerin verliebte und das beflügelte meinen Eifer natürlich noch zusätzlich.

Im Gegensatz dazu konnte ich einfach nicht Baseball spielen. Mit Bällen und Ballspielen hatte ich in meiner Kindheit nicht viel im Sinn. Ich wusste nichts mit ihnen anzufangen. Also bewegte ich mich schon, als ich noch ganz jung war, in die intellektuelle Richtung. Ja, ich hatte großen Spaß an der Mathematik, was sehr selten ist für einen Schüler, und damit war ich schon anders als die meisten Klassenkameraden. Heute sehe ich im Rückblick sehr klar, dass ich das genutzt habe. Es bedeutete die Etablierung meiner Identität für mich selbst. Und ist es lebenslang geblieben. Später wurde ich ein Mitglied des Scientific Establishment, also der naturwissenschaftlichen Elite in Amerika, aber gleichzeitig ein Dissident. Ich war anders und ich bin anders. Das ist kein Zufall. Es war seitdem nicht notwendig, meine Dissidenz neu zu begründen. Die Evidenz, die Begründung und die Unterstützung für diese Dissidenz brauchte ich nicht besonders zu suchen. Sie lag für mich auf der Hand, war offensichtlich.

War es Ihnen von Anfang an bewusst, dass Sie anders waren? Haben Sie unter dieser Erfahrung niemals gelitten?

■ Ich weiß nicht, wann es mir bewusst wurde und von welchem Zeitpunkt an ich es bewusst eingesetzt habe. Ich würde heute sagen, dass dieses Anderssein, das ich empfand, tatsächlich zum größten Teil unbewusst eine Verteidigungshaltung gegen all die Strömungen und Mächte war, die mich dazu zwingen wollten, genauso wie jeder andere zu sein. Es war ein Kampf dagegen. Denn es gab daneben gleichzeitig einen Teil in mir, der mich in die Richtung drängte, mich einzureihen, um so zu sein wie alle anderen. Alle Kinder, alle Jugendlichen verspüren diesen Wunsch, dazuzugehören, wie die anderen zu sein. Auch ich natürlich. Aber gleichzeitig spürte ich, dass ich nicht so war wie die anderen.

War dieses Außenseitertum vielleicht auch ein Grund für Ihren Erfolg in der Wissenschaft?

■ Wie gewinnt man überhaupt „success", also Erfolg in der Wissenschaft? Man gewinnt ihn, indem man in einem gewissen Sinn etwas Neues kreiert, entwickelt oder etwas Neues sieht. Man könnte für „neu" genauso gut das Wort „anders" benutzen: indem man etwas anderes sieht.

Ich entdeckte also für mich den Computer. Ich glaube nicht, dass ich klüger war als andere junge Fachleute, aber ich hatte unter anderem einen „sense of humour", so eine Witzigkeit, die mich auch heute noch durchdringt und mich auch nicht verlässt, wenn es zur ernsten Arbeit kommt. So konnte ich den Computer ein bisschen – und das ist das wichtige Wort – „anders" sehen. Etwas Anderes aus ihm herausholen. Ich habe beispielsweise ein Programm geschrieben – es war das allererste und möglicherweise auch bis jetzt das letzte –, das Leute zum Lachen brachte. Das ist anders.

Noch ein Beispiel für mein Anderssein: Es ist vielleicht etwas übertrieben, zu behaupten, dass meine Kollegen am MIT sich seinerzeit über den Vietnamkrieg freuten, aber jedenfalls freuten sie sich, dass das Computerfach an den Universitäten auf einmal sehr viel Geld bekam. Es war damals überhaupt kein Problem, alle möglichen Forschungsprojekte durchzusetzen. Sie wurden vom Pentagon finanziert. Und für mich war klar, dass ich dagegen reagierte und mich fragte: Augenblick mal, was machen wir denn hier eigentlich?

Von Anfang an war ich empört über den Vietnam-Krieg. Amerika hatte kein Recht dazu, dieses Land zu bombardieren. Ich war entsetzt über die Methoden, das sogenannte „secure hamlet program", das Programm der sicheren Dörfer, mit dem man den Einwohnern bestimmter Dörfer befahl, diese zu verlassen und in andere Dörfer zu gehen, wo sie vor den Vietkongs sicher waren. Ihre Heimatdörfer wurden daraufhin zu „free fire zones" erklärt, was bedeutete, dass die Kampfflugzeuge auf alles schießen durften, was sich dort bewegte. Es war entsetzlich, denn natürlich wollten viele Vietnamesen ihre Heimatdörfer nicht verlassen.

Für mich war es schrecklich, dass meine Universität so eng mit der Regierung verbunden war. Es war mir klar, dass einige der Waffen, die in Vietnam eingesetzt wurden, in Cambridge entwickelt worden waren, vielleicht sogar von Wissenschaftlern, die ich persönlich kannte.

Natürlich fiel mir die Parallele zu den deutschen Wissenschaftlern der Nazizeit ein, die vorher weltweit ein hohes Ansehen genossen hatten und dieses in wenigen Jahren verspielten, indem sie sich, bis auf ganz wenige Ausnahmen, den Nazis andienten.

Für mich war es keine Frage, dass nun ich selbst in meiner Eigenschaft als Universitätsprofessor gefordert war. Nun war ich Professor an einer bedeutenden amerikanischen Universität und es passierten schreckliche Dinge, die ich nicht einfach schweigend geschehen lassen durfte. Es war eine Schande. Also habe ich mich engagiert.

Sehen Sie, das ist ganz anders als die Saulus-Paulus-Geschichte! Statt eine abrupte Wendung bedeutet es vielmehr, dass ich der geblieben bin, der ich war.

Welche Rolle spielte Ihre Emigration bei dieser Haltung?

■ Es ist ja schwer zu sagen, was aus mir geworden wäre, wenn wir nicht emigriert wären. Wahrscheinlich hätte ich den Krieg nicht überlebt, wäre in den Gaskammern von Auschwitz oder Birkenau oder irgendwo sonst umgekommen wie einige meiner Verwandten. Natürlich hat alles in meinem Leben mit meiner Emigration zu tun. Daraus resultiert auch, dass eine gewisse Skepsis Teil meines Daseins geworden ist. Skepsis gegenüber Behauptungen, Äußerlichkeiten, scheinbaren Gewissheiten, Heilslehren.

Ich hatte einfach schon sehr früh erfahren, dass ich mich selbst nicht weiterentwickeln konnte, ohne mein Anderssein anzunehmen und einzubeziehen. Schon als Kind. Es hat auch mit einer gewissen Verteidigungshaltung zu tun und der Leistung, sich zunächst in der Welt der Eltern, im Elternhaus, dann in der Welt des Bruders und dann in der Neuen Welt, in der ich niemanden kannte, zu behaupten. Den eigenen Platz zu suchen und zu finden. Die Orientierungsmöglichkeiten waren nicht sehr vielfältig und vor allem nicht selbstverständlich. Das, was einmal ein Halt gewesen war, verschwand ganz plötzlich. Überleben erforderte einen gewissen Widerstand. Ich erkannte, ich bin anders und die Welt ist nicht so, wie behauptet wird, nicht einmal so, wie sie aussieht. Ich habe mir angewöhnt, die Dinge genau anzuschauen, auch die scheinbar selbstverständlichen in meiner unmittelbaren Umgebung. Das unterscheidet mich von vielen Menschen.

Genau hinschauen

Lassen Sie mich ein Beispiel geben: Ich bin in einer Gesellschaft aufgewachsen, in der die europäische westliche Kultur, die christliche Kultur, die vorherrschende Rolle spielt. Überall oder jedenfalls sehr oft und unvermeidlich sehe ich das Kruzifix. Nicht nur das Kreuz, sondern Christus am Kreuz. Es gibt Menschen, die es sogar als Anhänger an einer Kette um ihren Hals tragen. Es steht auf Schreibtischen, es hängt in Wohnzimmern und Gaststätten an der Wand. In einer Kirche können sich drei oder vier davon befinden, sogar „larger than life" – in Überlebensgröße.

Da hängt also dieser Mann. Er wurde an ein Kreuz genagelt. Man sieht die Nägel, die durch seine Hände und seine Füße geschlagen wurden – eine furchtbare Folter! Er hängt da und es scheint so, als ob es niemand sieht. Niemand sieht es, niemand nimmt wahr, was diese Skulptur zeigt, was tatsächlich stattfindet, nämlich dass hier ein Mensch schrecklich leidet!

Trotzdem kann man davor sitzen – es ist sogar ganz üblich – und Eis essen, feiern, fröhlich sein. Dieses Phänomen ist eine Variante der Ausrede – ich bestehe darauf: „Wir haben es nicht gesehen." Ich glaube wirklich, dass die meisten Christen in der westlichen Welt, sagen wir in Amerika oder in Bayern oder in Spanien oder in Italien, dieses Kreuz nie gesehen haben. Es ist fast überall und sie haben es nie gesehen. Sie haben nie hingeschaut und sich gefragt: Was ist das eigentlich? Was ist hier los? Was passiert hier? Ich glaube, nur ganz wenige Christen haben das gefragt.

Ich spreche nicht von den Priestern oder kirchlichen Würdenträgern, ich meine die einfachen mehr oder weniger gläubigen Christen, die, sagen wir, an den meisten Sonntagen in die Kirche gehen. Sie würden mir nicht sagen können, wie lange es dauerte, bis Christus am Kreuz starb. Wie viele Stunden dauerte es? Wie starb er? Woran starb er? Was war die Ursache seines Todes?

Die Ursache seines Todes war, dass sich seine Lungen langsam mit Wasser gefüllt haben und er daran erstickte. Eine sehr langsame und besonders grausame Todesart.

Vielleicht ist das Nichtwahrnehmen dieser Grausamkeit – und das ist wirklich sehr traurig – eine Art Grundmetapher, die das Verhalten vieler Menschen erklärt. Vielleicht wurde die Bereitschaft, nichts zu sehen, nicht genau hinzuschauen, gerade auf diesem Weg, also über die religiöse Erziehung in die Kinder „eingepflanzt" – als eine Grundhaltung ...

Ich erinnere mich, ich muss zehn oder elf Jahre alt gewesen sein, die Nazis waren an der Macht und unter anderem holten sie einen Held aus der früheren Geschichte Deutschlands hervor, Albert Schlageter. Schlageter hatte nach dem Ersten Weltkrieg im Ruhrgebiet gegen die französische Besetzung Sabotage gemacht. Jedenfalls war er deswegen verurteilt worden. Er wurde erschossen – hingerichtet, wie es heißt. Aus dieser Geschichte wurde dann sozusagen eine Legende hergestellt – Schlageter wurde zum Held des Nationalsozialismus. Wie gesagt, ich war zehn Jahre alt und ob ich nun Jude war oder nicht, natürlich war ich in der Schule davon fasziniert. Ich glaube sogar, es war noch in meiner Zeit im Gymnasium, bevor ich als Jude rausgeschmissen wurde.

Jedenfalls erinnere ich mich fast so, als ob es gestern gewesen wäre, wie tief ich nachgedacht habe, was ich mir ausgemalt habe und welche Albträume ich hatte wegen dieser

Hinrichtung. Ich habe es mir ganz genau vorgestellt: Da steht Schlageter, vielleicht mir verbundenen Augen. Dann erscheint das Hinrichtungskommando. Ich stellte mir vor, wie die Gewehre aufgenommen wurden, man hört es, er hört es, ja, und dann wird er erschossen.

Anscheinend ist so etwas von den allermeisten Menschen, von den allermeisten Kindern in Hinblick auf die Kreuzigung Jesu nie so verinnerlicht worden. Ich weiß wirklich nicht genau, was und wie weitreichend ich daraus schließen soll, aber ich glaube, es ist ein Grundphänomen, diese Einübung ins Nicht-Sehen.

Ich möchte dazu ein weiteres Beispiel erwähnen: Ich glaube, es war 1980 oder 1981, da hat der österreichische Rundfunk eine Humanismustagung in Salzburg veranstaltet. Es waren viele engagierte Leute zu einem Gespräch eingeladen, das im Fernsehen und im Radio ausgestrahlt wurde. Es kann sein, dass ich aus diesem Anlass zum ersten Mal in Salzburg war. Jedenfalls bin ich viel in der Stadt herumgelaufen und habe mich umgesehen. Es war ja zu einem Zeitpunkt, an dem ich gerade begonnen hatte, regelmäßig Europa zu besuchen.

Auf einem dieser Spaziergänge fand ich sozusagen am Fuß des berühmten Mozartstegs auf der rechten Seite der Salzach eine Gedenktafel für die SS, ganz eindeutig. Darauf war der Spruch „Unsere Ehre heißt Treue" in Bronze zu lesen. Außerdem waren zwei Hakenkreuze zu sehen. Ich war nicht nur überrascht, sondern schockiert. Viele Fragen gingen durch meinen Kopf: Wie kommt das hierher? Warum hat niemand protestiert? Oder: Hat jemand protestiert?

Ich habe meinen Freund Robert Jungk, den Friedensforscher, der bestimmt kein Faschist war und der in Salzburg wohnte, danach gefragt, und er sagte: „Du spinnst, so etwas gibt es hier nicht."

Daraufhin habe ich ihn zu diesem Platz geführt und ihm die Tafel gezeigt. Er war vor Verblüffung beinahe sprachlos und meinte dann zu mir: „Weißt du, ich arbeite beinahe neben diesem Gebäude. Mein Institut ist in der unmittelbaren Nachbarschaft. Während meiner ganzen Zeit hier in Salzburg habe ich es nie gesehen."

Einmal stand ich vor dieser Gedenktafel, als ein Polizist vorbeikam. Ich erkundigte mich: „Wo ist denn das berühmte Denkmal für die SS?" Seine Antwort war: „Wollen Sie verhaftet werden wegen Staatsbeleidigung?" Dann habe ich über meine Schulter gedeutet und gefragt: „Und was ist das?" Er hat es sich angesehen, die Hakenkreuze, den Spruch, und dann den Kopf geschüttelt und gesagt: „Wissen Sie, ich bin mein ganzes Leben lang Polizist hier in Salzburg und ich habe das nie gesehen."

Seitdem habe ich fast immer, wenn ich in Salzburg war, und auch, wenn ich irgendwo einen Salzburger getroffen habe, gefragt, ob er weiß, wo sich die Gedenktafel für die SS befindet. Zum Beispiel Taxifahrer.

Ich steige also in ein Taxi ein, möchte irgendwohin, nenne mein Fahrziel und frage ganz nebenbei: „Wissen Sie, wo dieses berühmte Salzburger SS-Denkmal ist?"

Ich habe die ganze Zeit, in diesen vielen Jahren, während meiner unzähligen Besuche in Salzburg, nie jemanden gefunden, der es gesehen hat. Doch wenn man den Mozartsteg, diese bekannte Fußgängerbrücke über die Salzach von der linken zur rechten Flussseite überschreitet, hat man die ganze Zeit die Gedenktafel vor Augen. Man kann sie eigentlich nicht übersehen! Sie ist einfach da! Und trotzdem hat sie niemand gesehen.

Dieses „Wir haben es nicht gesehen" oder „Wir haben es nicht gewusst" ist eine sehr, sehr – wie soll ich es nennen – starke und mächtige Angelegenheit. Es ist erstaunlich, wie mächtig unsere Fähigkeit ist zu verdrängen. Ich weiß nicht, ob das irgend etwas erklärt oder entschuldigt. Es erinnert aber zum Beispiel an die Tatsache, dass junge Wissenschaftler in der Zeit von 1933 bis 1937 schon in jungen Jahren ganz selbstverständlich eine Professur bekamen, weil die Professorenstellen in Deutschland eben nicht mehr besetzt waren. Viele Professuren an Universitäten in Deutschland waren in diesen Jahren offen. Die jungen deutschen Wissenschaftler haben es einfach nicht gemerkt, dass so viele jüdische Professoren weg waren.

Oder nehmen wir die Leute, die auf einmal eine Wohnung in der Stadt fanden, in Berlin zum Beispiel, wo Wohnungen schwer zu finden waren. Sie haben sich nicht gefragt, warum das plötzlich so einfach war. Sind sie wirklich nicht auf die Idee gekommen, dass dort vielleicht Juden gewohnt haben, die ausgewandert sind oder ermordet wurden? Die meisten Menschen haben nachträglich beteuert: „Wir haben nichts davon gewusst."

Ich habe vor einiger Zeit etwas „entdeckt", das in diesen Zusammenhang passt: Im Dezember 1942 stand in der New York Times – ich glaube, ich erinnere mich sogar, dass es der 2. Dezember 1942 war – ein Artikel über Vernichtungslager in Deutschland. Es heißt doch allgemein, man habe bis zum Ende des Kriegs nicht davon gewusst – da stand es ganz deutlich in der New York Times! Drei Jahre vor Kriegsende!

Es ist erstaunlich, es ist wirklich erstaunlich. Es ist nicht so, dass diese Nachricht nicht ihren Weg in die westliche Welt gefunden hätte, aber die Medien haben sie nicht weiter verbreitet. Ich glaube, jeder, der das las oder hörte, hatte vielleicht ganz unbewusst die Haltung: Das ist sehr, sehr weit weg, also wirklich, das hat mit uns absolut nichts zu tun. So, als ob es auf dem Mond wäre.

Wie war es für Sie, als Sie nach vielen Jahren das erste Mal wieder nach Europa kamen?

■ Ich glaube, es war Ende der fünfziger Jahre, als ich zum allerersten Mal wieder nach Deutschland kam, nachdem ich es 1936 verlassen hatte. Da liegt eine ganze Menge von Jahren und Erfahrungen dazwischen, der Krieg ganz besonders und dann natürlich die Universität. Folglich war ich bestimmt nicht mehr derselbe Mensch wie der, der 1936 Deutschland verlassen hatte. Es ist schwer zu erklären und besonders schwer, das in wenigen Sätzen zu tun.

Eins ist merkwürdig und ich glaube, auch andere Emigranten, die irgendwann zurückkamen, haben darüber gesprochen: Es ist das Erlebnis, die deutsche Sprache wieder ganz „routine" gesprochen zu hören. Also das Erlebnis, dass die Menschen ringsherum alle ganz selbstverständlich Deutsch sprechen. Wir, meine Familie, wir haben, als wir nach Amerika kamen, die deutsche Sprache sozusagen aufgegeben. Wir haben sie nicht mehr gesprochen. Ich habe sehr wenig Deutsch gelesen in diesen Jahren. Ich hatte sehr viel vergessen. Aber es ist doch etwas Besonderes mit der Muttersprache! Es ist so, wie eine Melodie zu hören aus einer Zeit, die schon lange vergangen ist. Da schwingt etwas mit. In einem gewissen Sinne ist es erfreulich, andererseits ist es erschütternd. Man erkennt, glaube ich, Teile von sich selbst wieder, die man lange nicht gesehen hat und an die man lange nicht gedacht hat.

Und wie standen Sie zu den Menschen in Deutschland?

■ Viele, vielleicht die meisten Menschen, die ich anfangs in Deutschland getroffen habe, waren gerade in dem Alter, wo man sicher sein konnte, dass sie die Nazizeit bewusst erlebt haben. Das heißt, sie sind damals keine Kinder mehr gewesen. Und da kamen bei mir immer die Fragen, manchmal mehr, manchmal weniger deutlich: Was haben die wohl gemacht? Wo waren sie? Haben sie ihren Mund gehalten? Oder haben sie Widerstand geleistet? Oder haben sie eifrig mitgemacht?

Immer mit diesen Fragen durchs Leben zu gehen, ist schwer! Es bedeutet eine beinahe unerträgliche Belastung. Dazu kam, dass so viele Menschen fast spontan und ungefragt behaupteten, sie hätten einem Juden oder sogar mehreren Juden geholfen, sie versteckt. „Wir waren ja immer dagegen!" oder ähnliches bekam ich häufig zu hören. Man konnte kaum jemanden finden, der die Nazis irgendwie unterstützt hatte. Und das war für mich ... ja, wie soll ich es definieren ... es löste für mich und in mir ein großes Unbehagen aus.

Aber zum Glück gab es ja auch die jungen Leute – ich weiß nicht, vielleicht ähnelten sie den Pionieren in Amerika. Vielleicht habe ich sie besonders gesucht, jedenfalls hatte ich überwiegend mit Universitäten und Studenten zu tun. Da waren also die jungen Leute, die vor der enormen Aufgabe standen, hier etwas Gerechtes herzustellen und die unter anderem einen gewissen Kampf mit ihren Eltern auszutragen hatten. Ob das im Einzelnen wirklich deutlich ausgetragen wurde oder nicht, darauf kommt es nicht an. Jedenfalls war die Kluft zwischen den Generationen damals noch sehr viel größer, als sie es heute zwischen einem 17-jährigen und seinen Eltern ist. Heute besteht immer noch eine Kluft, aber nicht so wie damals. Außerdem muss ich sagen, es war natürlich auch eine interessante Zeit, besonders, wenn man selbst ein bisschen wach und neugierig ist, und das war ich doch ganz bestimmt.

Inseln der Vernunft

Und dann begann ich eine wichtige Beobachtung zu machen: Ich fand nämlich überall, wo ich hinging, gute Menschen. Es war wirklich sozusagen universal. Ich will damit nicht sagen, dass ich jedes Mal ein Urteil fälle, der ist gut, der ist schlecht, wenn ich einen Menschen treffe. Nein, das meine ich nicht. Aber wenn ich nach einer Veranstaltung abends in mein Hotelzimmer zurückkam, verspürte ich fast immer ein Gefühl der Wärme. Ich spürte, ich wurde verstanden. Da waren Menschen mit guten Ideen, die ich ermutigen konnte und die dann ihrerseits Mut und Hoffnung ausstrahlten. Diese Menschen, diese Situationen, diese Erfahrungen, die ich schon damals gefunden habe und heute immer wieder finde, nenne ich Inseln der Vernunft. Und die gibt es überall, ob ich jetzt in Indien, in Amerika oder in Deutschland bin.

Gibt es sie auch in unterschiedlichen Bereichen der jeweiligen Gesellschaft?

■ Das weiß ich nicht. Ich lebe ja in einer Welt, in der die Wahrscheinlichkeit, dass ich Menschen treffe, die sozusagen „in meiner Welt" leben, sehr groß ist. Es ist sehr selten, dass ich Menschen erlebe, die wirklich aus einer ganz anderen Welt, also einem ganz anderen Erfahrungsbereich kommen. Natürlich treffe ich auch Leute, die Antisemiten sind oder faschistische Tendenzen haben, intolerante Menschen, aggressive Menschen, die ihre Kinder oder ihre Frau beziehungsweise ihren Mann anschreien oder in meiner Gegenwart beleidigen. Natürlich treffe ich auch solche Leute. Und dass sie sich so verhalten, bedeutet im Übrigen nicht, dass sie ganz und gar ohne Vernunft sind.

Aber ich meine noch etwas ganz anderes, wenn ich von Inseln der Vernunft spreche. Ich meine eine Gemeinschaft von Menschen, die das Ziel hat, Gutes zu tun und sich menschlich zu verhalten. Eine Gemeinschaft, die das auch ausstrahlt. Es ist mir natürlich bewusst, dass ich meistens keine tiefe Einsicht in die jeweilige Gruppenstruktur gewinnen kann, aber ich verlasse mich auf meinen Eindruck und mein Gefühl.

Ich stelle mir Folgendes vor: Wenn eine dieser Gruppen von der Existenz einer anderen wüsste und mit ihr in Kontakt käme, könnten sie sich durch eine Art Brücke miteinander verbinden. Damit entstünde dann so etwas wie eine größere Insel. Ich habe die Hoffnung, dass sich immer mehr Inseln zusammenschließen und irgendwann einen Kontinent der Vernunft bilden in dem Meer des Irrsinns, in dem wir leben.

Ein wichtiges und ermutigendes Beispiel sind für mich die vielen Demonstrationen gegen den Irakkrieg. Auf der ganzen Welt haben Menschen demonstriert – viele davon waren wahrscheinlich noch nie in ihrem Leben vorher auf einer Demonstration. Dass in einer Welt von Repression so viele verschiedene Menschen mit ebenso vielen verschiedenen Interessen an diesen Demonstrationen teilgenommen haben, beweist für mich, dass es die Inseln der Vernunft gibt. Mehr noch, dass sie unter Umständen auch sehr, sehr groß und mächtig sein können und dass meine Vision, sie könnten sich zusammenschließen oder vereinigen, eine realistische ist. Ich denke nicht, dass diese Hoffnung naiv oder gar blauäugig – was dieses Wort bedeutet, habe ich übrigens nie richtig verstanden –

ist. Überhaupt nicht. Ich denke an einen Satz von Eisenhower. Er hat prophezeit, es würde einmal eine Zeit kommen, in der die Menschen so dringend Frieden fordern, dass man ihnen den Frieden einfach geben müsse. Diesen Zeitpunkt haben wir zwar noch nicht erreicht, aber ich glaube, bei den Demonstrationen waren wir ihm wirklich sehr, sehr nah.

Muss man sie suchen, die Inseln der Vernunft, oder findet man sie auch zufällig?

■ Ich finde sie an den unterschiedlichsten Orten, zum Beispiel fällt mir jetzt das Kino ein. Erinnern Sie sich an den Film „The Bridge on the River Kwai" – „Die Brücke am Kwai". Heute weiß ich, dass die Bedeutung dieses Films viel größer ist, als ich anfangs bei seinem Erscheinen dachte. Besonders eine Szene sehe ich ganz deutlich vor mir. Sie kommt am Ende des Films. Die Brücke ist bereits fertig gebaut. Der englische Oberst, gespielt von Alec Guinness, schreitet die Brücke ab. Er läuft so, wie eben nur ein englischer Oberst, oder eben Alec Guiness, laufen kann. Unter seinem Arm trägt er den Stab, den englische Offiziere tragen. Er läuft also auf und ab und betrachtet seine Arbeit genau. Er ist sehr zufrieden. Die Brücke ist herrlich. Er kann es beurteilen, denn er ist selbst ein ausgebildeter Bauingenieur. Plötzlich stutzt er kurz, weil er auf dem Boden einen Fleck sieht. Er nimmt seinen Stab und wischt damit den Fleck weg. Die Brücke soll doch ganz perfekt sein.

Es handelt sich dabei zwar um ein Bauwerk, das er und seine Kameraden in japanischer Kriegsgefangenschaft im Zweiten Weltkrieg errichtet haben, also eine Brücke, die dem Feind zugute kommen sollte, aber das beeinträchtigte seinen Perfektionsdrang überhaupt nicht. Man könnte sagen, seine

Haltung hat sehr viel zu tun mit einer Art technologischem Zwang. Die Ausübung seiner Tätigkeit ist für ihn zur Leidenschaft, beinahe zur Sucht geworden – sogar unter sozusagen feindlichen Bedingungen oder feindlichem Regiment. Er will der Welt zeigen, zu welcher Höchstleistung englische Ingenieure fähig sind – egal unter welchen Bedingungen.

Nachdem er den störenden Fleck entfernt hat, liegt das Bauwerk nun wieder in perfektem Zustand vor ihm. Auf einmal fällt sein Blick jedoch auf einen Draht unter der Brücke. Unruhe kommt auf und es stellt sich heraus, dass sich dort eine Gruppe von Kämpfern befindet. Einer von ihnen war in diesem japanischen Gefangenenlager inhaftiert. Es war ihm gelungen, zu fliehen, und jetzt ist er mit Dynamit und der Absicht, die Brücke in die Luft zu sprengen, zurückgekommen.

Es ist ganz klar, gleich wird alles explodieren. Nachdem der Oberst den Draht entdeckt und Alarm geschlagen hat, kommt es zu einem Schusswechsel, an dem vielleicht zehn oder 20 Leute beteiligt sind. Nun richtet sich die Kamera auf einen Verwundeten oben am Ufer. Er beobachtet die ganze Szene und sagt dann nur ein einziges Wort: „Wahnsinn". Er sagt nur das Wort Wahnsinn – „madness" auf Englisch. Er sagt es vielleicht zweimal. Ich glaube, das ist einer der wichtigsten Momente in diesem Film. Und noch mehr. Für mich geht es noch weit darüber hinaus. Es ist ein Kommentar zu unserer Welt. Ich glaube, wir leben in einem Irrenhaus, unsere Welt ist wahnsinnig.

Ich will damit sagen, dass dieser Mann, der dort am Ufer sitzt und sich das Geschehen betrachtet, vielleicht zum ersten Mal in seinem Leben ganz klar erkennt, welcher Wahnsinn dort herrscht, obwohl er schon lange damit konfrontiert und daran beteiligt war.

Wir alle kennen doch solche Momente, in denen wir

plötzlich etwas Wesentliches begreifen. Wir sollten es aussprechen. Wir sollten andere Menschen an unseren Erkenntnissen teilhaben lassen.

Sie haben im letzten Jahr einen Vortrag gehalten unter dem Motto: „Das 20. Jahrhundert in kleinen Szenen aus großen Filmen." Was bedeutet das Kino für Sie?

■ Ich habe tatsächlich aus einigen Filmen viel gelernt. Nehmen wir den Film „Key Largo". Ein Hotel wird von einer Gangsterbande belagert. Die beiden Gegenspieler sind Humphrey Bogart und Edward G. Robinson. Ich erinnere mich vor allem an die Szene, in der Bogart den Gangsterboss Robinson fragt, was er eigentlich gewollt habe oder wolle. Robinson überlegt eine Weile und sagt dann nur ein einziges Wort: „More".

„More" – Dieses eine Wort scheint mir wesentlich, um unsere Gesellschaft zu charakterisieren. Es hat die Qualität einer Metapher. Nicht nur für Gangster, sondern für die meisten Menschen. Wir wissen gar nicht genau, was wir wollen, haben es eigentlich auch nie gewusst. Was wir wussten und wissen, ist, dass wir mehr wollen. Wobei ich jetzt tatsächlich einräumen muss, dass sich diesbezüglich etwas verändert hat. Der Film stammt ja aus den späten vierziger Jahren und gibt die Atmosphäre dieser Zeit, die allerdings noch Jahrzehnte andauerte, wieder.

Heute hat sich tatsächlich einiges geändert. Dieses „More" war ja auch Ausdruck eines gewissen Optimismus'. Der ist heute kaum noch vorhanden. Heute wollen die meisten Menschen nicht *mehr*, sondern sie wollen das behalten, was sie haben. Das macht einen sehr großen Unterschied zu der Zeit vor noch wenigen Jahren. Heute wollen die Menschen vor allem Sicherheit. Einerseits ist die Angst größer geworden, andererseits auch der Unmut gegenüber einer Regierung, die nahezu blind ist. Der Widerstand gegenüber der amerikanischen Politik, die eine Politik für die Reichen ist, wächst. Die amerikanische Propaganda – „Wir sind ein reiches Land, wir können uns Luxusautos mit 400 PS leisten etc." – wird von vielen Menschen zunehmend als Provokation empfunden. Ob es zu einer Revolte kommen wird, bei der ein großer Teil der Kongressler rausgeschmissen wird, oder sogar zu einer Revolte, die zu einem nationalen Notstand führt, der den Einsatz der Army erforderlich machen wird, ist ungewiss. Aber alles entwickelt sich in diese Richtung, denke ich.

Zurück zu den Inseln der Vernunft. Das Bild korrespondiert ja mit einer anderen Aussage von Ihnen, nämlich dass die sogenannte Ohnmacht des Einzelnen vielleicht die gefährlichste Illusion sei, die ein Mensch überhaupt haben könne. Das ist ein provozierender Gedanke. Denn fast jeder wird es akzeptieren, wenn ich sage, als Einzelner kann ich nichts tun. Wo liegen die Chancen des Einzelnen?

■ Die muss jeder für sich selbst finden. Sie lassen sich nicht eindeutig festlegen, schon gar nicht von außen. So ganz allgemein: die verbreitete Denkart, eine klare Linie zu ziehen – „to draw a line" – und dann zwischen A und B, zwischen Gut und Böse zu unterscheiden, entsteht oft aus Faulheit. Und sie ist meistens Betrug beziehungsweise Selbstbetrug.

Ich gebe Ihnen ein Beispiel. Es beginnt mit der Frage: Wann hört der Tag auf und wann fängt die Nacht an? Wenn ich bei einem Vortrag das Publikum auffordern würde, diese Frage zu beantworten, würde ich viele unterschiedliche Antworten erhalten. Ein Engländer würde vielleicht sagen: „It's the cocktail hour" – also, nach dem Tee, aber vor dem Cocktail. Ein anderer Zuhörer würde vielleicht sagen: „Wenn die Sonne untergeht." Wann das geschieht, hängt davon ab, wo man sich befindet. Das ist für jeden Menschen verschieden. Also sind unsere Definitionen, wann der Tag aufhört und die Nacht anfängt, sehr subjektiv und auch mehr oder weniger willkürlich. Aber eines ist klar: Wir wissen, dass Mittag Tag ist, und wir wissen, dass Mitternacht Nacht ist. Wenn man auch nicht genau die Grenzen weiß, so bedeutet es doch nicht, dass man ganz verloren und orientierungslos ist.

Wo muss ich mich als Einzelner zumindest für mich selber einsetzen?

■ Der Mensch ist am engsten mit den Menschen verbunden, denen er in die Augen sehen kann, wenn er mit ihnen spricht, oder die er anfassen kann. Alles fängt in seiner eigenen Umgebung an. Es gibt Menschen, zum Beispiel Lehrer, die das Glück haben, viele direkt ansprechen zu können. Für mich bedeutet das, dass sie potenziell eine große Macht haben und deswegen eine große Verantwortung. Das Allerbeste, das Allerschönste, das einem Lehrer passieren kann – ich habe selbst es vier-, fünf-, sechs-, siebenmal erfahren –, das ist, von jemandem einen Brief zu bekommen: man könnte beinahe sagen, es ist ein „form letter", denn diese Briefe sind alle in einem gewissen Sinn gleich. Sie beginnen: „Lieber Professor Soundso, Sie werden sich sicher nicht an mich erinnern, aber ich war in Ihrer Klasse vor vielen Jahren, und Sie sollten wissen, dass Sie mein Leben verändert haben." Dann fragt man sich natürlich, wie habe ich dieses Leben verändert? Es kann sein, dass es gerade durch die Art der Beantwortung einer bestimmten Frage geschah oder weil ich eine Frage ernst genommen habe, die andere Leute immer lächerlich gefunden haben. Das Wichtige dabei ist – deswegen erwähne ich es hier – dass ich damals nicht vorhatte, das Leben von jemandem zu ändern. Ich wusste gar nicht, dass gerade diese Art, die Frage zu beantworten, ein so großes Gewicht haben könnte.

Als Lehrer kann ich jedoch nie wissen, wann ich das Leben von jemandem verändere. Deswegen muss ich mich immer so verhalten, als ob diese Möglichkeit jetzt gerade bestehen würde. Ich glaube sogar, das gilt nicht nur für Lehrer, sondern letztlich für jeden Menschen. Für Mütter und Väter größerer und kleinerer Kinder, für Freunde, Liebhaber – ach, einfach für alle Menschen. Es gilt für alle. Viele Menschen haben aber gar nicht dieses notwendige Bewusstsein von sich selbst.

Als meine Töchter noch klein waren, habe ich einmal ein Spiel mit ihnen gespielt. Sie müssen sich vier Kinder vorstellen, die beim Abendessen um den Tisch herum sitzen. Ich habe die Frage gestellt: „Was ist für euch", also für jedes einzelne der vier Kinder, „das wichtigste lebende Wesen in der ganzen Welt?" Ich hatte Zettel verteilt, auf die sie es aufschreiben sollten. Eine hat geschrieben: das Pferd. Da habe ich gesagt: „Nein, nein, das ist zu allgemein. Ich hab nicht an so etwas Allgemeines gedacht. Wenn, dann muss es schon ein bestimmtes Pferd sein, und dann hat es auch einen Namen. Also, welches einzige lebende Wesen ist das wichtigste für euch?"

Es hat nicht lange gedauert, bis alle vier Mädchen darauf gekommen sind, dass sie das selbst sind. Das allerwichtigste lebende Wesen eines Menschen ist dieser Mensch selbst.

Nun folgt die Frage: Hat man Macht über sich selbst? Viele Leute haben diese Macht, die sie über sich selbst haben, abgegeben. Sie leben einfach so vor sich hin, gehen ziellos durchs Leben, machen eben, was heute gemacht werden muss.

Aber Erwachsensein, Reifsein, „to be mature" beginnt erst mit dem Bewusstsein oder der Erkenntnis, dass man über sich selbst bestimmen kann. Schon als Kind. Das habe ich meinen Kindern erklärt. Und ich meinte damit nicht, dass man bestimmen kann, wann man am Abend schlafen geht. Ich meinte eine viel wichtigere Ebene: Dass man nämlich selbst denken kann, und dass das, was Mutter und Vater sagen, nicht absolut sein muss. Man kann selbst etwas anderes denken als die Eltern. Dieses Selberdenken bedeutet die Ausübung der Macht über sich selbst. Und wenn man da annimmt, dass man ohnmächtig ist, dann hat man sich in eine Puppe verwandelt.

Wir sind also nicht hilflos als Einzelne?

■ Überhaupt nicht. Wenn ich meine eigene Situation betrachte, damals als Lehrer am MIT, da war ich natürlich mit dem militärischen Wahnsinn der USA, der dort letztlich durch die Forschung unterstützt wurde, konfrontiert. Wir haben am MIT Waffen und Waffensysteme für den Vietnamkrieg erfunden, da könnte ich schreckliche Geschichten erzählen. Ich kann nur wiederholen, das MIT ist sehr eng mit dem Pentagon verbunden. Und damals, als jüdischer Emigrant in Amerika, musste ich mich einfach fragen, ob ich jetzt die Rolle spielen wollte, die ich so hasste bei vielen, insbesondere bei den meisten deutschen Wissenschaftlern, Professoren, Akademikern in Deutschland während der Hitlerzeit. Diese Haltung, zu sagen: Ich bin Naturwissenschaftler, das ist mein Fach, und was mit meiner Sache gemacht wird, das geht mich nichts an. Ich bin kein Politiker. Dafür sind andere Leute verantwortlich.

Ich habe mich in der Zeit des Vietnamkriegs und in der Zeit der Bürgerbefreiungsbewegung in Amerika gefragt, ob ich jetzt die Rolle dieser deutschen Professoren spielen möchte oder nicht. Damals habe ich mich ganz klar und ganz explizit entschieden. Ich habe Stellung bezogen.

Warum haben Sie das MIT nicht verlassen?

■ Eine berechtigte Frage. Ich habe mir oft vorgestellt, dass ich in einem College oder an einer Universität lehre, die ganz liberal ist, draußen auf dem Land, umgeben von einer Wiese, mit einem Wald in der Nähe. Ganz idyllisch. Davon habe ich manchmal geträumt. Ich habe mir eine kleine Universität mit liberalen oder sogar progressiven Studenten und Mitarbeitern vorgestellt. Es gibt nämlich auch solche Universitäten in Amerika. Aber ich war mir ganz sicher, wenn ich an einer solchen Universität gewesen wäre, hätte ich mir gewünscht, am MIT zu sein.

Es war mir ziemlich bald klar, dass ich für das MIT eine bestimmte Funktion erfüllte, dass die Verwaltung des MIT mich als eine Art Feigenblatt benutzte. Wenn also über blinde Technologiegläubigkeit und Abhängigkeit vom Pentagon geschimpft und gefragt wurde, ob es denn keine kritischen Stimmen zum Computer am MIT gäbe, dann hieß es regelmäßig: Doch, es gibt sie. Professor Weizenbaum, der denkt an solche Sachen und der schreibt darüber.

Aber ich war nicht der Einzige, der kritisch zu seinem Fach stand. Es gab und gibt auch andere Kollegen. Der berühmteste Name, den ich Ihnen sofort nennen kann, ist Noam Chomsky.

Meine Rolle am MIT war mir also klar und ich habe sie akzeptiert. Was mich viel mehr bekümmerte, war eine Erfahrung, die ich dort mehrfach machte: Nachdem ich auf einem „faculty meeting", also einer Fakultätsversammlung oder vor einer Klasse oder bei einer Demonstration gesprochen hatte, kamen immer wieder einige meiner Kollegen zu mir, legten ihren Arm um meine Schulter und sagten: „Das hast du gut gesagt, das musste einfach einmal so deutlich gesagt werden. Ich freue mich, dass du es gesagt hast." Na ja, vielleicht haben sie dann ganz leise zu sich selbst hinzugefügt: „Jetzt, wo es gesagt wurde, braucht es nicht mehr gesagt zu werden. Weil du es getan hast, brauche ich es nicht mehr zu tun." Das kann gut sein. Ich war jedenfalls wirklich traurig darüber, dass mich so viele meiner Kollegen sozusagen privat unterstützten, aber einfach nie an die Öffentlichkeit getreten sind.

Heute bin ich emeritiert, aber ich habe immer noch mein Büro im MIT. Wenn ich will, kann ich Vorlesungen halten, ich bin also auch heute noch nicht weit weg vom MIT. Ich bin immer noch da. Es ist mir irgendwann klargeworden, dass mein Platz am MIT ist und dass ich da hingehöre. Vielleicht ist es auch eine Form von Arroganz, dass ich dachte, gerade am MIT würde meine Stimme unter den Studenten und unter den jungen Kollegen mehr gebraucht als irgendwo anders. Deswegen bin ich dageblieben.

Sie haben Noam Chomsky erwähnt. Geht es ihm ähnlich?

■ Noam Chomsky, der Linguist, ist einer der größten Genies dieses Jahrhunderts, davon bin ich fest überzeugt. Er lehrt am MIT schon seit, ich glaube, mehr als vier Jahrzehnten. Ihm wurde jede Ehrung zuteil, die das MIT überhaupt verleihen kann, von den vielen internationalen Auszeichnungen ganz zu schweigen.

Zur Zeit des Vietnamkrieges war er eine der entschiedensten Stimmen gegen diesen Krieg. Er hat jede Form von Widerstand geleistet, laut protestiert und viel darüber geschrieben. Wenn ich damals meinen Studenten sagte, Noam Chomsky würde sich soundso verhalten oder Noam Chomsky würde sich soundso dazu äußern, dann bekam ich oft zu hören: „Ja, das ist eben Noam Chomsky, der kann das. Der kann sich das leisten, der ist ja so ein großer Kerl."

Dann musste ich ihnen widersprechen und zu bedenken geben, dass er schließlich nicht immer der große Noam Chomsky war. Auch er war einmal ein Anfänger, ein „assistant professor". Doch schon damals – und das kann gar nicht genug betont werden – in den ersten Nachkriegsjahren am MIT, als ganz kleiner „assistant professor" ohne jede Garantie einer Zukunft, außer der, die er im Kopf hatte, schon damals hat er sich zum Anarchismus bekannt. Jeder konnte und sollte es wissen, dass er Anarchist war, überzeugter Anarchist. Sein ganzes Leben lang, innerhalb und außerhalb der Universität, agierte er als Anarchist. Er verleugnete es nie, er verschwieg es nie und es ist ihm nichts passiert. Nicht etwa, weil er so ein großer Kerl war, das war er damals noch nicht. Damals war er noch klein und sozusagen zerbrechlich, verwundbar. Aber er hat seine kritische politische Haltung niemals versteckt.

Ein beeindruckendes Beispiel für eine Insel der Vernunft, die weit über ihre Grenzen hinaus wirkt. Zunächst nur ein einzelner Mensch, der aber eine große Wirkung ausübt.

■ O ja, ich nenne das Brückenbauen und meine natürlich geistige Brücken. Sozusagen von einer Insel der Vernunft zur anderen. Das ist natürlich metaphorisch gemeint, aber bei dem Begriff Insel schwingt auch die Bedeutung des Isoliertseins mit. Mir ist klar, dass Inseln der Vernunft lange Zeit isoliert sein können, „separated" von anderen Inseln, und dass die notwendige Arbeit darin besteht, sie zu vereinigen.

Auf den einzelnen Menschen bezogen bedeutet das auch die Aufforderung, eine Zeitlang das eigene Alleinsein durchzustehen.

■ So ist es. Und irgendwann wird es andere Menschen geben, mit denen man sich zusammenschließen kann. Ich erinnere mich sehr gut daran, als mein Buch „Computer Power and Human Reason", „Die Macht der Computer und die Ohnmacht der Vernunft", erschien. Ich erhielt so viele Briefe von Menschen, die schrieben, sie hätten ja gar keine Ahnung gehabt, dass es irgendjemanden gab, der ähnlich wie sie dachte. Sie hatten geglaubt, sie wären die einzigen, die gegen den Strom schwammen. Sie hatten sich ganz allein mit ihren Ideen gefühlt und darüber geschwiegen, weil sie fürchteten, als verrückt angesehen zu werden. Alles wäre anders gewesen, wenn sie auch nur einen Menschen kennen gelernt hätten, der ihre Auffassungen geteilt und mit ihnen kommuniziert hätte.

Und dann kam dieses Buch, das so viel wie ein Vektor gegen den Strom bedeutete. Deshalb ist es so wichtig, sich zu seinen Ideen zu bekennen und den anderen damit zu zeigen: „You can do that" – „Es ist dein gutes Recht, so zu denken, und es ist ganz richtig, dass du das tust."

Dazu fällt mir der deutsche Major Pfaff ein, der sich im Frühjahr 2003 geweigert hatte, an der weiteren Entwicklung eines militärischen Software-Programms mitzuwirken. Seiner Meinung nach hätte dieses Programm die Kriegshandlungen im Irak unterstützt und das, so argumentierte er, könne er nicht mit seinem Gewissen vereinbaren.

Selbstverständlich wurde er angeklagt wegen Befehlsverweigerung, aber er hat sich dagegen gewehrt und auf seinem Grundrecht der Gewissensfreiheit bestanden. Für ihn war der Irak-Krieg ein völkerrechtswidriger Angriffskrieg. Keiner seiner Vorgesetzten konnte ihm garantieren, dass das Software-Programm, das er entwickeln sollte, nicht zur logistischen Unterstützung der USA verwendet würde.

Major Florian Pfaff wurde zunächst wegen Befehlsverweigerung verurteilt und degradiert. Er ging in die Berufung und 2005 wurde das Urteil vom Bundesverwaltungsgericht aufgehoben. Genau wie seine Degradierung. Er wurde vom Dienstvergehen freigesprochen.

Das ist ein ganz wichtiges Ereignis, das zunächst nur einen einzelnen betrifft und letztlich Konsequenzen für viele Menschen hat. Ich halte das für eine ganz große Sache, die anderen Menschen Mut macht.

Mir fällt wieder die Zeit des Vietnamkriegs ein. Ich hielt es für ganz wichtig, dass ich, also, dass auch ein Professor, auf die Straße geht und protestiert, nicht nur, weil er gegen diesen Krieg ist. Das natürlich vor allem, aber auch um den Studenten zu zeigen, dass es legitim ist, dagegen zu demonstrieren. Sie sollten deutlich sehen, dass man so etwas darf und nicht dafür bestraft wird.

Dass es ein Grundrecht ist.

■ Ja, und wenn man es nicht ausübt, dann verschwindet es.

Die Illusion, ohnmächtig zu sein

Sie haben einmal geschrieben, dass sich jeder Einzelne so ver-
halten sollte, als hinge das Wohl der ganzen Menschheit von
ihm ab. Eine Vorstufe – und eine wesentliche – wäre ja schon,
sich so zu verhalten, als hinge das eigene Wohl von ihm ab.

■ Ich war einmal zu Besuch in einem Gymnasium in Berlin. Die Schüler hatten etwas von mir gelesen, waren also
vorbereitet, dass ich kam. Gleich am Anfang unseres Gesprächs zitierte ein Mädchen genau die Passage, die Sie
eben angesprochen haben, und fragte mich: „Wenn man so
leben muss, als ob das Schicksal der ganzen Welt von einem
abhängt, führt das dann nicht zu einer Art Größenwahn? Besteht dann nicht die Gefahr, dass man so einen Wahnsinn
einleitet wie Hitler?"

Auf diese Frage war ich nicht selbst gekommen. Ich war
sehr beeindruckt und es hat mich gefreut, dass ein junges
Mädchen so tief darüber nachgedacht hat. Ich musste zugeben, dass das tatsächlich sein könnte.

Worauf ich aber eigentlich mit dieser Passage hinaus-
wollte, war die Bereitschaft zur Verantwortung. Ich wollte
dazu auffordern, Verantwortung zu übernehmen. Also nicht
in dem Sinne, dass man glaubt, man bestimme das Schicksal
der Welt und deswegen könne man alles machen und die anderen müssten ausweichen.

Nein, ich meinte, man muss sich so verantwortlich verhalten, als ob das Schicksal der Welt von einem abhinge.
Und – wir haben davon gesprochen – die Welt fängt mit

mir selbst an. Ich darf nicht sagen, ach, es macht ja nichts aus, „it doesn't matter". Alles macht etwas aus!

Das bedeutet natürlich nicht, dass man ohne Humor leben muss und ganz bestimmt nicht – und das ist sehr wichtig – dass man sein Verhalten ständig kontrollieren und kalkulieren muss oder soll.

Verantwortung schließt ja auch Fehler ein und den Mut, ein Risiko einzugehen. Ein Risiko muss ich immer eingehen, wenn ich etwas Eigenständiges tun will.

■ Außerdem, was heute als Fehler erscheint, kann sich morgen als eine gute Tat erweisen. Denn nicht ohnmächtig zu sein – es gefällt mir nicht zu sagen „mächtig zu sein" – bedeutet nicht, fehlerfrei zu sein oder alles erst einmal so furchtbar nachdenklich anzugehen, also nicht frei zu sein. Und ganz bestimmt bedeutet es nicht, jedenfalls für mich nicht, die Lebensfreude und den Humor zu verlieren, den „sense of humour". Er distanziert, und oft sieht man durch einen guten Witz die Dinge in einem anderen Licht und gewinnt neue Erkenntnisse und Einsichten.

Man muss auch über sich selbst Witze machen können. Ich meine *machen*, nicht nur erzählen.

Ganz nebenbei: Ich glaube, der Witz ist eine der kreativsten menschlichen Ausdrucksformen. Man sollte wirklich mal darüber nachdenken, ob man jemals einen Witz gemacht hat. Wir erzählen Witze, die wir gehört haben, aber wie oft macht man einen Witz? Es sind nur kreative Leute, die tatsächlich Witze machen. Es ist sehr schön, wenn man entdeckt, dass man einen Witz gemacht hat. Es ist wirklich ein großer Erfolg.

Was mir bei dem, was Sie sagen, auffällt: Das Gegenteil von Ohnmacht ist schwer in ein Wort zu fassen. Macht ist es nicht. Und Stärke auch nicht. Es ist etwas anderes.

■ Damit ist auch wieder eine kleine Einsicht verbunden: Man muss ja nicht unbedingt ein passendes, präzises Wort für eine Sache finden. Manchmal hilft es vielleicht. Aber um über eine Sache zu reden, muss man sie nicht eindeutig definieren. Wir können über viele Dinge reden, die wir kennen, aber nicht definieren können. Zum Beispiel: die Liebe. Sie ist eine so komplexe und tiefgehende Angelegenheit, dass es unmöglich ist, sie in einem Satz oder in einem Essay oder in einem Buch oder in einer Buchreihe auch nur annähernd zu erklären. Aber würden wir deshalb behaupten, dass es sie nicht gibt?
Ähnlich ist es mit Ohnmacht und ihrem Gegenteil.

Heutzutage ist die Tendenz nach wie vor verbreitet, die eigene Ohnmacht zu akzeptieren und nicht einmal über die eigenen Belange zu entscheiden. Man muss sich nur anschauen, für welche Bereiche Experten etabliert worden sind. Der Experte in der heutigen Form ist ja eigentlich eine Erfindung.

■ Und ist eine Konsequenz der Teilung unserer Lebenswelt. Wir können alles analysieren, das heißt in kleine Stücke aufteilen, und dann gibt es für jedes kleine Stück einen Experten. Da ist zum Beispiel der menschliche Körper, da ist das Herz, da sind die Augen, und für jeden Teil des Körpers gibt es einen ganz besonderen Spezialisten. Dann gibt es Leute, die Experten sind in Sachen Ehe und Ehescheidung oder für alles mögliche. Dieses Denken ist ein Erbe des großen Siegeszuges der Naturwissenschaft, die darauf begründet ist, dass alles analysiert und definiert werden kann. Das ist ein tiefer Glaube in der Welt. Es ist interessant, dass die Physik jetzt eine ganz andere Auffassung hat. Quantenmechanik bedeutet eben auch, dass nicht alles in kleine Teilchen aufgegliedert werden kann.

Ich empfinde es als erniedrigend, dass bei „zwischenmenschlichen Problemen" gleich empfohlen wird, sich an eine Beratungsstelle zu wenden. Der Mensch reduziert sich selbst, indem er die Fähigkeit zur Selbstreflexion von sich weist.

■ Und dann ist es auch kein Wunder, dass Leute daran denken, einen Computer als Therapeuten einzusetzen. Dieses Phänomen ist so tief in uns eingedrungen, dass es unsere Sprache verändert hat. Es ist in unsere Sprache eingedrungen, und das bedeutet, dass es ganz besonders wirkt. Sie haben eben gerade gesagt „zwischenmenschliches Problem". Woher kommt das Wort „Problem"? Ich glaube, dass in der Vorkriegsliteratur – ich meine in der Literatur aus der Zeit vor dem Zweiten Weltkrieg – in Deutschland sowie in anderen Ländern, ganz bestimmt auch in Amerika, das Wort „Problem" entweder nie oder fast nie so aufgetaucht ist, wie wir es heute benutzen.

„Ich habe ein Problem mit meinem Magen." „Ich habe ein Problem mit meiner Ehe." Ich kann mir kaum vorstellen, dass Thomas Mann in der deutschen Sprache oder Hemingway oder Faulkner je so etwas in den Mund seiner Charaktere gelegt hätte. Nein, nein: „Mein Magen tut mir weh." Oder: „Wir leiden beide unter unserer kaputten Ehe." Oder: „Du liebst mich nicht mehr." Nicht: „Ich habe ein Problem mit meiner Ehe." Dieses Eindringen in unsere Sprache – ganz bestimmt auch ins Englische und in viele andere Sprachen – hat mit dem Siegeszug des Computers zu tun.

Der Computer wurde eingeführt als „General Problem Solver", als „Lösung für alles". Die ganze Sache, dass man etwas einem Computer übergeben kann, hat eigentlich vor 40 Jahren als Witz angefangen: „Ach, frag doch mal deinen Computer." Das war ein Witz. Aber langsam wurde es ernst genommen.

Wir haben ein Problem und ein Problem verlangt nach einer Lösung. Problem und Lösung – diese beiden Begriffe sind untrennbar miteinander verbunden. Das bedeutet: Wenn man ein Problem hat, gibt es ein gewisses Verfahren – es könnte ein mathematisches sein, Algebra –, das man auf dieses Problem anwenden kann. Was dabei herauskommt, ist dann die Lösung. Damit ist dieses Problem erledigt.

Aber so ist es nicht im menschlichen Leben. So ist es nicht mit menschlichen – ich werde jetzt das Wort selbst benutzen – Problemen. Menschliche Probleme, soziale Probleme, gesellschaftliche Probleme werden nie gelöst. Wenn man tatsächlich ein Problem mit seiner Ehe hat, geht man zu einem Berater, dem Experten, der zuständig ist für diese Klasse von Problemen. Dieser Experte sagt vielleicht: „Ja, da gibt es nichts anderes in Ihrem Fall, Sie müssen sich trennen, Sie müssen sich scheiden lassen." Dann lässt man sich scheiden und dann heiratet man jemand anders. Zehn Jahre später sagt man: „Ich hatte dieses Problem in meiner ersten Ehe und wir haben es gelöst, wir haben uns scheiden lassen."

Es ist eine Illusion, dass irgendein Problem gelöst würde. Das ist auf der persönlichen Ebene, der Ebene des Einzelnen genauso wie auf der größten internationalen Ebene. Am Ende des Ersten Weltkriegs hat ganz besonders Großbritannien verschiedene Probleme im mittleren Osten „gelöst", aber andere Probleme hergestellt. Wir können das heute ganz klar sehen. Und wir Amerikaner hatten ein Problem –

wenn ich das so sagen darf, es steckt mir ein bisschen im Hals, dieses Wort – in Südostasien, besonders in Vietnam. Wir haben uns umgesehen, welche Mittel wir haben, um solche Probleme zu lösen. Die Antwort war: Wir haben ein Militär. Dann haben wir das Militär als Lösungsmaterial, als Algorithmus, angewendet. Das sollte das Problem lösen. Es hat aber nicht funktioniert. Auf der breitesten Ebene sowie auf der Ebene des Einzelnen hat uns dieser Begriff „Problem" in einem gewissen Sinne korrumpiert.

Das Verblüffende bei dem Begriff „Problem" ist ja, dass wir dieses Wort für die verschiedensten Dinge benutzen und damit Dinge zusammenbringen, die nicht zusammengehören.

■ Vielleicht wäre es besser, wenn wir wie die Mathematik „subscripts" hätten: Problem der Klasse 1, Problem der Klasse 2, Problem der Klasse 15, das könnte man dann besser unterscheiden. Leider können wir das in unserer Sprache nicht. Es ist interessant, wie das Bewusstsein der Verschiedenheit irgendeines Begriffs sich in die Sprache einführt, zum Beispiel dass die Inuit in Nordamerika – so habe ich gehört – 20 oder 25 Wörter für Schnee haben, weil sie verschiedene Schneesorten sehr gut unterscheiden können. Es sagt etwas über uns, dass wir das eine Wort „Problem" so unterschiedlich benutzen. Das bedeutet, wir selbst sind uns nicht bewusst, dass einige Probleme ganz anders sind als andere.

Es ist eine Verarmung, die letztlich Konsequenzen darauf hat, wie ich mich als Mensch begreife.

■ Ja, es ist eine Verarmung. Das stimmt. Ich habe es zunächst Korrumpierung genannt, aber es ist eine Verarmung.

Und es bedeutet, dass man ganz unbewusst – ohne nach-
zudenken – sofort reagiert, um ein Problem loszuwerden.
Wenn man sich wehgetan hat, sucht man sofort nach einem
Mittel, besonders nach einem Experten, aber auch nach Pil-
len usw. Ich glaube, der Medikamentenmissbrauch und das
sogenannte Drogenproblem haben damit zu tun: Man will
die schnellstmögliche Problemlösung beim kleinsten Un-
wohlsein.

Ich möchte jetzt auf keinen Fall missverstanden werden
als jemand, der behauptet, die Einführung des Worts „Problem“, die wiederum mit dem Computer zu tun hat, sei
schuld am Drogenproblem, das wir heute haben. Nein, das
meine ich nicht, es ist diese ganze Haltung, die uns einge-
prägt wird: Problem – Lösung – Experte – Mittel, Kopf-
schmerzen – Aspirin. Man erträgt heute kaum so einen kleinen Kopfschmerz für zehn Minuten. Man greift sofort nach
dem Mittel.

Idealbilder und Konformismus

Diese Haltung setzt natürlich voraus, dass ich ein Idealbild davon habe, wie sich ein Mensch fühlen muss. Wenn ich davon abweiche, muss ich etwas tun.

■ Sogar wenn ich nur ein bisschen abweiche. Das bedeutet wieder einmal die Einführung eines Konformismus. Dieses Bild, wie ein Mensch die Welt erfährt, wie er sich verhalten muss, prägt dann die ganze Gesellschaft und alle Menschen werden gleich. Vielleicht nicht in einem politischen Sinn, man könnte aber sagen in einem noch grundsätzlicheren Sinn, indem man sich nämlich einfach anpasst, indem man denkt, etwas stimmt nicht, wenn man ein bisschen abweicht.

Wir sind heute in Amerika so weit, dass ich, wenn ich in Boston an einem Geschäftstag die Straße herunterlaufe und mir jemand entgegenkommt, der lächelt, sofort denke, da stimmt etwas nicht. Die Welt wird homogenisiert. Wir erleben heute in unserer Welt, ganz besonders im Westen, eine subtile Bereitschaft zur Gleichschaltung, von der Goebbels nicht einmal zu träumen gewagt hätte.

Angesichts dieser Beobachtung liegt der Vergleich Mensch / Maschine beinahe auf der Hand. Die Veröffentlichungen zu diesem Thema fallen dadurch auf, dass sie – natürlich – nicht definieren können, was ein Mensch ist. Es werden einige Beispiele menschlicher Fähigkeiten herausgegriffen und dann wird behauptet, das könne die Maschine auch, also bestehe da eine Ähnlichkeit.

■ Oder vielleicht noch schlimmer: „to define men in terms of the machine". Man definiert den Menschen durch Begriffe, die für Maschinen gelten. Wenn man dann von Unterschieden spricht, sagt man: „Aber das kann eine Maschine nicht, in diesem Bereich ist der Mensch eben anders als eine Maschine oder als die Maschinen, die wir heute haben." Irgendwann, drei Jahre später, fünf Jahre später, zehn Jahre später wird die Maschine vielleicht auch dazu in der Lage sein. Dann wird wieder etwas anderes genannt, was die Maschine nicht kann. Es führt dazu, ganz zwangsläufig, dass der Mensch nur erniedrigt werden kann.

Weil sich das Bezugssystem verschiebt? Im Mittelpunkt steht nicht mehr der Mensch, sondern die Maschine, und an ihr und ihren Fähigkeiten wird schließlich auch der Mensch gemessen.

■ Genau. Es ist doch dumm, dass wir überhaupt Vergleiche dieser Art anstellen. Es ist doch so offensichtlich, dass ein Mensch anders ist als eine Maschine. Kein Kind würde eine Maschine mit einem Menschen verwechseln. Und dennoch verspüren wir diesen Drang. Er hat sich sehr tief in uns eingegraben, besonders in den letzten 40 Jahren.

Der Traum vom künstlichen Menschen, vom Maschinenmenschen, ist aber doch schon viel älter.

■ Tatsächlich ist dieses Streben, künstliches Leben herzustellen, sogar schon uralt. Es gibt viele Legenden und Mythen: Pygmalion, der sich in eine Statue verliebte, die dann zum Leben erweckt wurde, der Golem, Frankenstein – das sind wohl die berühmtesten Geschichten. Aber in den letzten

Jahren hat sich doch etwas Entscheidendes verändert. Man könnte sagen, dieser alte menschliche Traum ist in einem gewissen Sinne dabei, sich zu erfüllen. Ich meine damit nicht, dass er sich tatsächlich bereits erfüllt hätte, denn das ist nur scheinbar so.

Künstliche Intelligenz ist heute noch – ich weiß nicht, warum ich „noch" sage – fast eine reine Illusion. Natürlich hängt das auch davon ab, wie man Intelligenz versteht.

Die genetischen Versuche, künstliches Leben herzustellen, in die Evolution absichtlich einzugreifen, sind auch noch nicht so weit. Wir können heute noch nicht – und hier, würde ich sagen, passt das „noch" – einen idealen Menschen spezifizieren und dann herstellen. Der Traum existiert jedoch und Menschen arbeiten daran.

Ich muss dazu sagen, dass auch eine Idee, die falsch ist, oder ein Traum, der nicht realisierbar ist, eine große Macht haben kann. Gerade die Eugenik, dieser Versuch, Menschen zu züchten oder künstlich herzustellen, macht das deutlich. Wir haben im letzten Jahrhundert bitter zu spüren bekommen, dass das unübersehbare Konsequenzen haben kann. Eine bestimmte Klasse von Menschen passte den sogenannten „Architekten der Menschheit" nicht und musste deswegen – um das schöne deutsche Wort zu verwenden – ausgerottet werden. Diese Geschichte haben wir ja schon hinter uns. Ich weiß leider nicht, ob sie hinter uns bleibt.

Viele werden sich fragen: Was hat das – ganz praktisch – mit meinem Leben zu tun? Warum soll ich überhaupt daran denken? Diese Forschung ist so weit entfernt von mir und meinem alltäglichen Leben.

■ Dazu kann ich nur anmerken: Im Dritten Reich gab es viele Professoren und Beamte, die ganz sicher waren, dass ihnen nichts passieren konnte. Sie waren Beamte auf Lebenszeit und konnten damit rechnen, später einmal eine üppige Pension zu bekommen, sie litten keine Not und mussten sich nicht um ihre Altersversorgung kümmern. Also gelangten sie zu der Haltung: Politik interessiert mich nicht, das hat mit mir nichts zu tun. Dann auf einmal – ich denke jetzt ganz besonders an die jüdischen Beamten und Professoren an den Universitäten – war diese feste Garantie, die nie in Frage gestellt werden konnte, weg. Einfach verschwunden.

Das Leben ist eben nicht so sicher. Und diese Dinge, von denen wir hier sprechen – die Versuche, künstliches Leben herzustellen –, gehen jeden Menschen an. Sie können einen großen Einfluss haben. Das haben wir ja in den letzten 50, 60 Jahren gesehen. Welches Leben wurde nicht verändert von den Albträumen, die Hitler und seine Bande gehabt haben?

Eliza heute

Sie haben eben Pygmalion erwähnt, der sich in eine Statue ver-
liebt, und mir damit – Sie ahnen es schon – ein Stichwort ge-
liefert: „Eliza". Damit sind Sie eigentlich berühmt geworden.

■ Das ist richtig. 1963 lud mich das MIT als Gastprofessor
ein, zunächst für ein Jahr. Es wurden dann, wie Sie wissen, sogar Jahrzehnte daraus. Im selben Jahr, also 1963, entwickelten
wir dort am Institut ein „time-sharing": ein Computer konnte
von mehreren Personen gleichzeitig bedient werden. Heute
eine Selbstverständlichkeit, damals eine ganz neue Sache.
Statt den Computer, wie damals üblich, indirekt über Lochkar-
ten zu bedienen, nahmen wir nun mit Hilfe einer Schreibmaschine sozusagen direkten Kontakt mit ihm auf. Dazu waren Programme erforderlich, die auf Fragen antworteten. Mein
Beitrag dazu bestand in „Eliza", einem Programm, mit dem
man in natürlicher Sprache – das bedeutet in diesem Fall natürlich in englischer Sprache – ein Gespräch führen konnte.

Wie muss man sich ein solches Gespräch vorstellen?

■ Da waren zwei Gesprächsteilnehmer, der Mensch und
der Computer. Der Mensch tippte seinen Gesprächsbeitrag
in die Tastatur des Computers – damals nannte man es eine
Schreibmaschine, die an den Computer angeschlossen war –
und mit Hilfe meines Programms analysierte der Computer
diese Aussage und erzeugte eine Antwort, die über die
Schreibmaschine ausgedruckt wurde.

Warum nannten Sie es „Eliza"?

■ Es geht zurück auf Eliza Doolittle aus „My Fair Lady" oder eben „Pygmalion" von George Bernhard Shaw. Meine Idee war, dass mein Sprach-Analyse-Programm in seiner sprachlichen Ausdrucksweise immer besser, also differenzierter, genauer und raffinierter werden würde, genau wie die Blumenverkäuferin aus dem Musical, unter der Anleitung ihres Lehrers Professor Higgins.

Können Sie diesen Lernprozess etwas genauer schildern?

■ Ich erkläre es jetzt ganz einfach: Wichtig ist dabei – wie letztlich bei jedem Gespräch – der Kontext. Ohne einen gemeinsamen Kontext funktioniert so etwas überhaupt nicht. Mein „Eliza"-Programm war als eine Art Zwei-Bänder-Anordnung angelegt. Das erste Band war der Sprach-Analysator und das zweite eine Art Drehbuch oder Skript. Dabei habe ich mich an den Regeln orientiert, die Schauspieler von ihrem Regisseur für die Improvisation über ein Thema erhalten.

Ja, ich denke, das anschaulichste Bild für „Eliza" und seine Wirkungsweise ist tatsächlich das eines Schauspielers, der nach bestimmten Regievorgaben improvisiert, also innerhalb eines bestimmten Systems oder – bleiben wir beim Bild aus der Welt des Theaters – einer bestimmten Rolle agiert.

Man konnte also verschiedene Regieanweisungen – ich nannte sie Skripts – für „Eliza" eingeben. Im Rahmen der Grundsituation, die diesem Skript zu Grunde lag, konnte „Eliza" eine Unterhaltung führen. Ich wählte für sie zunächst eine psychotherapeutische Gesprächssituation, in der „Eliza" die Rolle des Therapeuten übernahm.

Warum entschieden Sie sich für ein vergleichsweise schwieriges Thema?

■ Es war nicht so schwierig. Schaut man sich beispielsweise die Struktur der therapeutischen Gesprächstechnik an, die von Carl Rogers entwickelt wurde, so fällt dabei auf, dass sie wie eine Art Echo funktioniert. Also, der Patient erzählt etwas über sich, was der Therapeut dann – vielleicht nicht gerade in seiner unmittelbar anschließenden Frage, aber doch in einer der nächsten – aufgreift und als eigenen Beitrag in das Gespräch einbringt.

Der Trick bestand also darin, dass „Eliza" davon ausging, dass ihr Gesprächspartner die Signale, die er geliefert bekam, vor dem Hintergrund seiner eigenen Situation, seiner eigenen Interessen und Bedürfnisse interpretierte – so, wie es ja im Gespräch von Mensch zu Mensch auch geschieht.

Stellen Sie sich einen Mann vor, der in einer Bar sitzt und beginnt, dem Barkeeper aus seinem Leben zu erzählen. Vielleicht sind es eher trostlose Geschichten und der Barkeeper nickt mitfühlend und macht kleine verständnisvolle Einwürfe, scheint mit der Problematik vertraut zu sein. Im Verlauf des Gesprächs entwickelt der Barbesucher Vorstellungen darüber, was für ein Mensch der Barkeeper ist, der so viel weiß und versteht. Aber das ist natürlich vor allem seine Projektion. Sie kann stimmen oder auch nicht. Je mehr Zuwendung jemand braucht, umso stärker ist er bereit, diese Fähigkeiten auf sein Gegenüber zu projizieren.

Jetzt kommen wir wieder auf das Beispiel der psychotherapeutischen Sitzung: Nach einer Weile entsteht für den Patienten der Eindruck, der Therapeut habe tiefe Einsichten oder könne sich sehr gut in ihn hineinversetzen.

Ich habe ein Beispiel für eine Unterhaltungssequenz mit

„Eliza" in meinem Aufsatz „ELIZA – A Computer Program für the Study of Natural Language Communication Between Man and Machine" von 1965 gegeben:

- Patient: Ich fühle mich unglücklich.
- ELIZA: Glauben Sie, dass Ihnen dieses Gespräch helfen kann, nicht mehr unglücklich zu sein?
- Patient: Ich weiß nicht, aber ich brauche Hilfe, das ist klar.
- ELIZA: Was bedeutet für Sie Hilfe?
- Patient: Zum Beispiel, dass ich lerne, mich besser mit meiner Mutter zu verstehen.
- ELIZA: Erzählen Sie mir mehr über Ihre Familie.
- Patient: Meine Mutter dominiert mich.
- ELIZA: Nur Ihre Mutter? Oder noch jemand?
- Patient: Mein Vater.
- ELIZA: Ihr Vater?
- Patient: Sie erinnern mich an meinen Vater, Sie sind ihm ähnlich.
- ELIZA: Worin besteht diese Ähnlichkeit?
- Patient: Sie sind nicht aggressiv.
- ELIZA: Woraus schließen Sie das?
- Patient: Sie streiten nicht mit mir.

Usw., usw.

Bekannt wurde diese Version meines „Eliza"-Programms, in der der Computer die Rolle eines Psychiaters spielt, unter dem Namen „Doctor" und zwar weit über die Grenzen des MIT hinaus.

Weil es so verblüffend und anschaulich war?

■ Ja, bestimmt. Mit seiner Hilfe ließ sich einfach sehr viel deutlich machen. Ich glaube nicht, dass damals ein anderes Programm in der Lage war, einem breiten Publikum so eindringlich zu demonstrieren, wie Informationsverarbeitung funktioniert. Vor allem einem Publikum, das wenig von Mathematik oder Informatik verstand. Man benötigte so gut wie kein Vorwissen, geschweige denn irgendwelche speziellen Kenntnisse. Außerdem konnte man selber sozusagen mitspielen.

Also zugleich ein frühes Beispiel für Interaktion. Und es war komisch! Sie haben irgendwann im Verlauf unseres Gesprächs erwähnt, dass Sie einer der wenigen Computerwissenschaftler waren, die ein witziges Programm geschrieben haben. Damit meinten Sie doch „Eliza", nicht wahr?

■ Ja, denn ich verstand es vor allem als Parodie. Gerade die „Doctor"-Variante. Ich dachte, jeder müsste es so auffassen, aber damit hatte ich weit gefehlt. Ich hatte mich ohnehin sehr getäuscht, was die Rezeption von „Eliza" betraf.

Sie hatten nicht erwartet, dass es so berühmt werden würde?

■ Das stimmt. Es gab ja damals einen regelrechten Boom: Überall in den USA tauchten an den Universitäten Kopien davon auf. „Eliza" war wirklich in aller Munde. Aber was mich überraschte, waren ganz spezifische Reaktionen.
Die erste erlebte ich in meiner unmittelbaren Nähe. Ich beobachtete, welch enge Beziehung die menschlichen Gesprächsteilnehmer zu ihrem Maschinen-Gegenüber aufnahmen und zwar in kürzester Zeit. Das äußerte sich so, dass sie darüber sprachen wie über einen Menschen und ihm menschliche Eigenschaften zuschrieben. Ganz selbstverständlich.

Am extremsten erlebte ich es bei meiner Sekretärin. Als ich einmal ihr Zimmer betrat, war sie mitten im „Gespräch" mit „Doctor". Sie reagierte für mich vollkommen unverständlich. Es war ihr sichtlich unangenehm, dass ich ihre Sitzung störte und bereits nach kurzer Zeit forderte sie mich auf, sie doch eine Weile allein zu lassen. Es war, als störte ich eine Art Zweisamkeit. Das fand ich absurd, denn schließlich hatte sie doch die Entstehung dieses Programms aus allernächster Nähe miterlebt. Kaum jemand – außer mir selbst vielleicht – wusste besser als sie, dass es sich um nicht mehr als ein bloßes Computerprogramm handelte. Es war erstaunlich. Die Wirkung war absolut erstaunlich.

Menschen waren also bereit, im Kontakt mit dem „Eliza-Doctor"-Programm sehr intime Dinge über sich preiszugeben.

■ Ja, und zwar bereits nach kürzester Zeit. Aber es ging ja noch weiter: Ich machte einmal den Vorschlag, das System so einzurichten, dass man alle Unterhaltungen, die an einem Tag mit ihm stattgefunden hatten, abrufen konnte. Ich wollte einfach wissen, wie differenziert es arbeitete und ob mein Skript wirklich funktionierte, wo seine Stärken, seine Schwächen, ja, wo seine Grenzen lagen etc. Aber ich kam gar nicht so weit, denn kaum hatte ich mein Vorhaben bekannt gemacht, da rollte am Institut eine Welle von Widerständen an. So etwas dürfe man auf keinen Fall tun, es verletze den Intimbereich der Gesprächsteilnehmer etc.

Ich war wirklich entsetzt, vielleicht auch einfach naiv, aber ich konnte mir nicht vorstellen, dass man einem Computer Geheimnisse aus seinem Leben anvertraute. Welchen Sinn sollte das haben?

Aber es waren ja nicht nur die psychotherapeutischen Laien,
sondern auch die Fachleute, die „Doctor" akzeptierten.

■ Allerdings, und das war die nächste Reaktion, die mich
verblüffte: Es waren nämlich nicht wenige Psychiater, die
ernsthaft in Erwägung zogen, mein „Doctor"-Programm in
ihrer psychotherapeutischen Arbeit einzusetzen, allen voran
Dr. Kenneth Mark Colby. Er schrieb damals in einem ernst-
haften medizinischen Journal, das Programm sei zwar noch
verbesserungs- oder verfeinerungsbedürftig, es bestehe aber
Anlass zu der Hoffnung, dass es die psychotherapeutische
Praxis, ja, die Psychotherapie überhaupt verändern könne.
Mit Hilfe eines solchen Programms wäre dann endlich auch
den Kliniken geholfen, die über zu wenig Personal verfügten.
Mit Hilfe dieses Programms könnten nämlich Hunderte von
Patienten parallel behandelt werden.

Und was sollte mit den Therapeuten geschehen? Wollte er sie
überflüssig machen?

■ Keineswegs. Laut Colby würden sie sich dann endlich
viel wichtigeren Aufgaben widmen können, weil sie nicht
mehr mit den Erstgesprächen belastet wären. Dabei hielt
ich gerade diese für ausgesprochen wichtig. Ich war wirklich
fassungslos und mir drängte sich die Frage auf, welches
Selbstverständnis ein Psychiater haben musste, um die Idee
zu entwickeln, einen wesentlichen Teil seiner Arbeit einer
Maschine zu übergeben? Welche Beziehung hatte er demnach zu seiner eigenen Arbeit? Wie schätzte er das ein, was
er selbst tat, also seinen eigenen Beitrag im therapeutischen
Gespräch, wenn dieser durch ein vergleichsweise einfaches
Programm zu ersetzen war?

Er betrachtete sich jedenfalls nicht als Teilnehmer und baga-
tellisierte die Bedeutung des direkten menschlichen Kontakts.

■ Und genau das war das Erschreckende für mich, denn ich war und bin der Auffassung, dass der Therapeut, also der Helfer, sich selbst als Person in das Gespräch und in den gesamten therapeutischen Prozess einbringen muss und zwar von Anfang an. Meiner Meinung nach muss eine Begegnung, eine echte menschliche Begegnung stattfinden, damit überhaupt ein Heilungsprozess – oder wie immer man das bezeichnen will – in Gang gesetzt werden kann. Colbys Reaktion – und es war ja keine Einzelreaktion, sondern es gab nicht wenige Kollegen von ihm, die sich anschlossen – zeigte mir, dass sich manche Psychiater vor allem und in erster Linie als Informationsauswerter und -verarbeiter verstanden. Ich muss sagen: Noch heute, wenn ich darüber spreche, erschreckt mich das.

Eine Zeitlang haben Sie sich beinahe geweigert, über „Eliza"
zu sprechen, aber das hat sie nicht davor gerettet: „Eliza" ver-
folgt Sie bis heute.

■ Ja. Eine Zeitlang habe ich versucht, es zu vermeiden. Ich habe meine Situation einmal mit der von Maurice Ravel verglichen – nicht weil ich mich auch für einen großen Künstler halte, sondern weil uns beiden ähnliches wiederfuhr: Bei ihm war es der Bolero, mit dem er beinahe vollständig identifiziert wurde, was ihm gar nicht gefiel, er hatte schließlich noch sehr viel andere wunderbare Musik komponiert. Bei mir war es „Eliza".

Und immer noch werden Sie damit konfrontiert.

■ Heute findet man im Netz viele Varianten von „Eliza", die alle ungefähr dasselbe tun. Nur die Zwecke sind verschieden. Es gibt sogar eine Variante, in der das Programm nicht mehr die Rolle des Psychiaters, sondern die des Priesters spielt und sozusagen die Beichte per Computer entgegennimmt. Obwohl ich kein Katholik bin, entsetzt mich diese Vorstellung. Wenn man tatsächlich glaubt, eine Maschine könne einem die Sünden vergeben und die Absolution erteilen, dann frage ich mich wirklich, welche Bedeutung der Glaube oder die Priesterweihe noch haben.

Und in Boston wird jedes Jahr der Loebner-Wettbewerb ausgeschrieben, bei dem der menschenähnlichste Chatbot prämiert wird. Eine Jury tritt mit sechs Chatprogrammen und vier menschliche Teilnehmern in Kontakt – natürlich weiß sie nicht, wer sich hinter dem jeweiligen Namen verbirgt – und entscheidet dann, ob sie mit einem Menschen oder einer Maschine kommuniziert hat. Es geht also um „Elizas" Nachfolger.

■ Der Hauptunterschied der modernen Programme zu „Eliza" ist – wie so oft innerhalb der Entwicklung des Computers – im Bereich der Quantität angesiedelt. Damals, als ich „Eliza" entwickelte, Mitte der sechzigerJahre, waren die Computer eben noch nicht so schnell. „Eliza" war ein relativ kleines Programm. Heute kann man viel umfangreichere Dateien verarbeiten, denn die Speicherkapazität ist um ein Vielfaches gewachsen. Einer der Gewinner des Loebner-Preises sagte dazu ganz stolz, „Eliza" habe nur circa 200 Muster und Antworten zur Auswahl gehabt, wohingegen sein Programm über 100 000 verfüge.

Das ändert jedoch nichts an der Tatsache, dass auch dieses umfangreiche Programm nach den selben Prinzipien und nur innerhalb eines begrenzten Kontextes funktioniert. An der Eingangsfrage der Juroren des Loebner-Wettbewerbs, ob die große Zehe größer sei als eine Boeing 747, scheitern heute noch viele Teilnehmer.

Wie erklären Sie sich diese Faszination an der Simulation, die über das Spielerische ja weit hinausgeht? Ist es zu gewagt, das in Verbindung zu setzen mit dem Denken, das anstrebt, vom Menschen zu abstrahieren und ihn künstlich herzustellen?

■ Die Akzeptanz des Abstrakten, statt des Dings an sich – vielleicht sollte ich das nicht auf Deutsch sagen –, statt der Sache selbst, ist heute allgemein verbreitet. Sie schließt die Wahrnehmung des Menschen, also seine Selbstwahrnehmung mit ein. Warum sollte auch gerade das vor einem solchen Schicksal bewahrt werden?

Wenn man nun den Menschen in irgendeiner Sprache beschreibt, zum Beispiel in einer wissenschaftlichen Sprache, in der Messungen eine Rolle spielen, dann ist es heute sehr leicht und selbstverständlich, eine solche, sehr differenzierte und präzise Beschreibung des Menschen für den Menschen selbst zu halten. Wir behandeln alles andere so, warum also nicht den Menschen? Ich glaube, das ist heute selbstverständlich. Deswegen stört es fast niemanden mehr, wenn mein Kollege Marvin Minsky sagt: „The brain is merely a meat machine" – „Das Gehirn ist bloß eine Maschine aus Fleisch". Ich möchte hier betonen, das Wort „Fleisch" muss nicht unbedingt mit „meat" übersetzt werden. Im Englischen haben wir zwei Wörter für das deutsche Wort „Fleisch". „Flesh" bedeutet lebendes Fleisch, ein lebender Körper; „meat" hingegen bedeutet totes Fleisch, mit dem man alles machen kann. Man kann es wegwerfen, man kann es essen, man kann es verbrennen oder braten oder kochen oder was auch immer. Die Aussage „The brain is merely a meat machine" ist ganz anders als die Aussage „Das Gehirn ist bloß eine Maschine aus Fleisch". Sie impliziert eine gewisse Verachtung des menschlichen Lebens.

Sie ist wertend, während die andere nur beschreibend sein könnte.

■ Genau. Wichtig ist jedoch auch der Zusatz „merely" – „bloß". Wenn man jetzt das Wort Fleisch weglässt und behauptet, dass das Gehirn bloß eine Maschine ist, kann man ganz klar sehen, wie weit diese Abstrahierung, die Ersetzung eines Dings durch seine Beschreibung, schon fortgeschritten ist, ohne dass jemand dagegen protestiert.

Ich kann mir sogar vorstellen, dass jemand, der das hier liest, fragt: „Warum sollte man dagegen protestieren, was stimmt nicht daran, wenn man sagt, das Gehirn sei bloß eine Maschine?"

Und er hat sogar in einem gewissen Sinne recht: Das Gehirn kann als Maschine beschrieben werden, bis zu einem gewissen Grad sogar mit einer gewissen Genauigkeit. Aber wenn man nicht erkennt, dass diese Beschreibung des Gehirns nur für ganz bestimmte Zwecke gilt und für nichts anderes, lebt man tatsächlich in einer virtuellen Welt – über das Wort „virtuell" sollten wir noch sprechen, dazu gibt es noch einiges zu sagen. Jedenfalls leben wir dann in einer Welt, die von ganz bestimmten Zwecken bestimmt ist, man könnte auch sagen, beleuchtet ist. Da fehlt natürlich sehr viel. Da bleibt sehr viel im Dunkeln.

*Und es kann gefährlich werden, weil diese Zwecke nicht ein-
fach da sind, sondern von jemandem definiert werden müssen.*

■ Nicht unbedingt bewusst. Die Menschen definieren vielleicht diese Zwecke, ohne sich bewusst zu sein, dass sie das
tun. Sicherlich gibt es sehr gute Menschen, die sehr viel Böses angerichtet haben, ohne es zu wissen.

Mythos künstliche Intelligenz

Wenn ich in einschlägigen Publikationen die Beispiele für die künstliche Intelligenz von Maschinen betrachte, habe ich oft das Gefühl, dass der Begriff Intelligenz zunehmend entwertet wird und damit verarmt. Mit Intelligenz haben viele der vorgeführten Leistungen nichts zu tun.

■ Es geht zu weit, zu sagen, dass sie mit Intelligenz nichts zu tun haben. Jedenfalls ist es nicht Intelligenz, was da beschrieben wird. Es ist nicht das ganze Bild. Es kann auch sein, dass wir das ganze Bild nie kennen werden, aber wir können jedenfalls ganz sicher sein, dass das, was uns präsentiert wird, nur ein Teil davon ist, auf keinen Fall das ganze Bild. Etwas wurde weggelassen, abstrahiert, abgezogen.

Ich erinnere mich an eine Aussage, die vom Erfinder des Intelligenztests gemacht wurde. Es handelt sich um einen französischen Psychologen namens Alfred Binet. Seine Erfindung stammt noch aus der Zeit vor dem Ersten Weltkrieg. Er wurde oft gefragt oder sogar aufgefordert zu definieren, was Intelligenz sei. Dafür hatte er eine Antwort entwickelt, und bei dieser Antwort blieb er. Die Antwort lautete: „Intelligence is what intelligence tests measure." – „Intelligenz ist das, was Intelligenztests messen."

Man kann sagen, das ist arrogant oder lächerlich oder ein Witz – nein, es ist etwas sehr Ernstes daran. Ich denke, er hat die Wahrheit gesagt, wenn auch vielleicht nicht bewusst oder nicht absichtlich.

Diese uns bekannten Intelligenztests messen intellektuelle Fähigkeiten, die von einflussreichen Vertretern der westlichen Welt als wichtige (Denk-)Leistungen angesehen werden. In anderen Gesellschaften wird das ganz anders aussehen. Da zählen ganz andere Fähigkeiten und demzufolge würden ganz andere Leistungen gemessen werden. Intelligenz ist eben keine objektive Größe und keine linear messbare Erscheinung, die unabhängig von einem bestimmten Bezugssystem existiert. Ohne einen bestimmten Kontext, ohne einen klaren Bezugsrahmen ist Intelligenz sinnlos.

Wenn wir so ein Instrument zur Verfügung haben wie den IQ-Test, dann dauert es nicht lange, bis unser Begriff „Intelligenz" von dieser Methode so stark beeinflusst ist, dass wir Intelligenz tatsächlich nicht anders definieren, weil wir sie uns gar nicht mehr anders vorstellen können.

Das ist ein prägnantes Beispiel dafür, wie der Gebrauch der Sprache die erlebte Realität verändert oder in einer spezifischen Weise beleuchtet. Und wenn sich die Sprache verändert, verändert sich die Beleuchtung, und dann sehen wir die Realität anders. Da tauchen Schatten auf, wo vorher Licht war. Und es erscheint vielleicht Licht, wo vorher Schatten waren.

Wenn wir ein Verfahren anwenden, das alles immer heller beleuchtet und im Zuge dieses Prozesses immer mehr Schatten, nicht nur tiefere, sondern auch eine größere Anzahl herstellt, dann kann das zu einer Verarmung führen. Etwas Bestimmtes erkennen wir jetzt viel besser als vorher, aber wir haben damit bezahlt – und es ist ein hoher Preis –, dass wir andere Aspekte der Realität überhaupt nicht mehr sehen. Ich glaube, das ist eine treffende Analogie.

Wenn dieses Verfahren unbemerkt geschieht, wenn es niemand spürt, wenn es tabuisiert ist, darüber zu sprechen, weil man dann als technikfeindlich oder wissenschaftsfeindlich angeklagt wird, besteht die Gefahr, dass tatsächlich große Teile unserer Welt einfach verschwinden. Ich meine, wirklich verschwinden! Es beginnt damit, dass wir über diese Teile nicht mehr sprechen dürfen, und führt schließlich dazu, dass wir darüber nicht mehr sprechen können. Denn – wie Wittgenstein gesagt hat – „die Grenzen meiner Sprache bedeuten die Grenzen meiner Welt."

Eigentlich kulminiert ja alles in der Frage: Was macht den Menschen zum Menschen?

■ Ich glaube nicht, dass wir diese Frage vollständig beantworten können. Es ist eben so wie mit allen wirklich wichtigen Fragen. Aber das bedeutet nicht, dass wir es nicht versuchen sollten.

Es gibt etwas in der menschlichen Natur, von dem ich wirklich sagen würde, das ist vorgegeben, das können wir nicht wegdenken oder abbauen: die Abhängigkeit eines jeden Menschen von anderen Menschen. Ich meine nicht nur von der Gemeinschaft im politischen Sinn. Nein, viel tiefer: Wir Menschen können nicht allein leben.

Dieses furchtbare „Experiment" irgendwo in Südamerika vor vielen Jahren hat es doch ganz deutlich gezeigt: In einem Krankenhaus für kleine Kinder, Waisenkinder, gab es einfach nicht genug Personal, um mit den Kindern zu spielen. Sie wurden gefüttert und gewaschen, also sozusagen vorschriftsmäßig versorgt, aber sonst nichts. Und unter diesen Umständen starben die Kinder.

Man muss ein Kind halten, man muss ein Kind umarmen, man muss einem Kind Wärme und Liebe geben, sonst stirbt das Kind. Es ist notwendig! Lebensnotwendig! Der Mensch ist ein gesellschaftliches Tier! Und Gemeinschaft bedeutet gegenseitige Unterstützung und zugleich auch die Unterstützung der Gemeinschaft selbst. Wir brauchen uns doch nur die Tiere ansehen: für manche, nicht für alle, ist es genauso notwendig. Es gibt soziale Tiere, vielleicht sind es die meisten.

Beim Menschen kommt dann noch das Bedürfnis hinzu, sich auch sprachlich auszutauschen, also, mit anderen zu reden.

■ Das ist ein Teil davon. Man kann nur von anderen Menschen als Mensch bestätigt werden. Das führt mich in meinen Gedanken zu einem dieser Albträume, dem Wahntraum der Künstlichen Intelligenz, eine Maschine herzustellen, einen Roboter, der dann zu einem Mensch wird.

Sie meinen wie in Steven Spielbergs Film „Artificial Intelligence"?

■ Nein, ich denke jetzt nicht ans Kino oder an die Science-Fiction-Literatur, ich denke an die wissenschaftliche Forschung, und da speziell an die Veröffentlichungen von Hans Moravec, „Mind Children" und „Robot".

„Mind Children" beschäftigt sich, wie der Titel schon sagt, mit den „Kindern unseres Geistes" statt den „Kindern unseres Körpers". Der Autor Hans Moravec lehrt an einer berühmten amerikanischen Universität. Er ist Leiter des „Mobile Robot Laboratory" der Carnegie Mellon University in Pittsburgh, Pensylvania. Das ist neben dem MIT und der Stanford University in Kalifornien eine der bedeutenden amerikanischen Universitäten, die im Bereich Künstliche Intelligenz führend sind.

Das Buch selbst wurde von der Harvard Universität herausgegeben. Es ist also kein Science-Fiction-Roman oder ein trivialer Thriller, jedenfalls wird es nicht so angesehen.

Der Autor sagt in diesem Buch – das ganze Buch handelt davon –, dass man den Menschen komplett in eine Maschine übertragen kann. Das Wesentliche des Menschseins ist Information, die man erfassen kann und die man dann in einen Computer hineinbringen kann, als „input". Wenn ich mich auf diese Weise in einen Computer geladen habe – „downloading" heißt das auf Englisch – dann ist dieser Computer, dieser Roboter, ich. Nicht nur eine Simulation oder eine Kopie von mir, nein, er ist mit mir identisch.

Sie erinnern sich sicher an „Star Treck", die amerikanische Science-Fiction-Serie. Da fliegen Menschen in einem Raumschiff durch den Weltraum und besuchen fremde Planeten. Sie werden von einem Ort zum anderen „gebeamt", das heißt, von einem Instrumentarium in kleinste Teile zerlegt und dann an den Ort geschickt, zu dem sie „reisen" wollen. Dort werden sie wieder zusammengesetzt. „Beam me up, Scotty" lautet die Anweisung an den Zuständigen, der die Maschine bedient. So etwas hält Moravec für möglich, und zwar in naher Zukunft.

Moravec behauptet ferner, dass es in wenigen Jahrzehnten Roboter mit der Intelligenz eines Menschen geben wird. Dann wird es nicht mehr allzu lange dauern, bis diese Computer entscheiden, dass sie ohne Menschen besser existieren können. Also werden sie die Menschen loswerden wollen. Das Ende der Menschheit liegt also laut Moravec in gar nicht so ferner Zukunft. Dann wird das sogenannte „post biological age", das nachbiologische Zeitalter anbrechen, in dem die DNA keine Rolle mehr spielt. Moravec ist sich sicher, dass durch diese Entwicklung nicht viel verloren geht.

Das kann man doppeldeutig verstehen.

■ Ja, es ist eine doppeldeutige Prognose, die einerseits aussagt, dass die menschliche Kultur nicht viel wert ist, also dass es nicht schade drum ist, aber das meint er nicht. Moravec ist der festen Auffassung, dass die Computer in der Lage sein werden, diese Dinge zu bewahren und weiterzugeben. Deshalb behauptet er, es ginge nicht viel verloren.

Welche Rolle spielt dann überhaupt noch der menschliche Körper?

■ „The body is only jelly", pflegt Moravec zu sagen. Er ist nur das Gelee, das das Ganze zusammenhält. Im Übrigen hält er den Menschen für eine Fehlentwicklung. Daran besteht für ihn kein Zweifel, denn das könne man heute ganz klar erkennen. Und in dieser Auffassung wird er unterstützt von meinem Kollegen am MIT, Marvin Minsky.

Minsky sagt ganz deutlich, dass der liebe Gott kein fähiger Ingenieur gewesen sei. Minsky glaubt das beurteilen zu können. Er behauptet – genau wie Moravec und weitere Kollegen – heute viel bessere Spezifikationen des Menschen zu kennen. Deshalb sei es möglich, am Werk der Natur noch viel zu verbessern. Das bedeutet unter anderem, dass man Menschen herstellen kann, die unsterblich sind.

Ein digitales Gerät kann man nämlich ganz genau kopieren, absolut genau.

Aber der Mensch lässt sich eben nicht durch eine endliche Kette von Bits repräsentieren, ohne dass etwas Wesentliches fehlt. Was die Leute vergessen, ist: Um Mensch zu sein, muss ein Mensch von anderen Menschen als Mensch behandelt werden. Ein wesentlicher Teil des Menschen hat mit der Verbindung des Menschen zu anderen Menschen zu tun. Der Mensch hört nicht mit seiner Haut auf. Er ist unausweichlich in seine Umgebung eingebettet. Um Mensch zu sein, muss ein Mensch von anderen Menschen als Mensch erkannt werden können. Ich würde sagen, dass es uns Menschen unmöglich ist, ein Gerät, wie menschenähnlich es auch immer aussehen mag, wie einen Menschen, wie ein kleines Kind zu behandeln.

Natürlich könnte man einen Roboter herstellen, der ganz genauso wie ein Mensch aussieht, nicht nur äußerlich, sondern auch innerlich. Aber in der Künstlichen Intelligenz ist ja nicht von einem Maschinenmenschen die Rede, der aus menschlichem Fleisch ist, sondern man spricht von Maschinen, von Robotern mit Fernsehaugen und alledem.

Projekt Unsterblichkeit

Gehört zum Menschsein nicht auch notwendigerweise das Wissen um die eigene Sterblichkeit?

■ Das ist etwas, was von den Protagonisten der Künstlichen-Intelligenz-Forschung überhaupt nicht gesehen wurde. Sie übersehen, welche Rolle, welche absolut wichtige Rolle der Tod des Menschen spielt! Und zwar für das menschliche Leben.

Da wir sicher sind, dass wir sterben müssen, ist es notwendig, dass wir die Kultur, die Zivilisation der nächsten Generation übergeben. Und wir können diese nicht als eine Compact Disc in digitaler Form übergeben, nein, wir müssen es so machen, dass die nächste Generation dazu gezwungen ist, ob sie will oder nicht, die Zivilisation und die Kultur wieder herzustellen. Es ist ein ständiger, lebendiger Prozess. Kultur und Zivilisation müssen immer wieder hergestellt werden. Das bedeutet, dass sie sich ständig verändern, dass auch Kultur und Zivilisation lebende Wesen sind.

Der Tod gehört zum Menschen dazu, ich kann ihn nicht isolieren. Steckt hinter den Träumen von Künstlicher Intelligenz nicht vor allem die Angst vor der eigenen Endlichkeit?

■ Hans Moravec sagt es ganz deutlich: Wenn er erkennen würde, dass er in der nächsten Minute von einem Auto überfahren und getötet werden würde, dann würde er sich ganz schnell in einen Computer transferieren – er verwendet dafür das Wort „downloaden". Indem er die Informationen weitergibt, die ihn ausmachen, lebt er weiter. Und er lebt nicht nur weiter, er ist auch unsterblich. Das heißt, wenn dieser Computer irgendwann einmal nicht mehr gut genug funktioniert, dann kann sein Inhalt – diese spezifische Informationskette – an einen anderen Computer übergeben werden. In diesem Sinne, also wenn man die Reduktion des Menschen auf eine Speicherplatte für möglich hält, wäre die menschliche Kultur dann gerettet und würde sogar auf diese Weise weiter transportiert bzw. sich selbst weiterentwickeln.

In welchem Verhältnis stehen diese Visionen zu den klassischen Mythen, die sie schon erwähnt haben?

■ Sehen wir uns die Träume der alten Griechen, die klassischen Mythen doch einmal genau an: Traum der Unsterblichkeit, Traum, ins Weltall fliegen zu können, Traum, das Feuer – heutzutage könnte man sagen, die Atomkraft – zu beherrschen. Ich betrachte den Prometheus-Mythos als eine Analogie zum Geheimnis der Atomkraft. Heute wissen wir, wie die ganze Welt in Brand zu setzen ist. Jetzt haben wir sozusagen den Göttern tatsächlich das Feuer gestohlen.

In den Mythen sind diese Dinge den Göttern überlassen. Und wenn wir versuchen, es ihnen gleichzutun, werden wir streng bestraft. Es gibt also Dinge, von denen diese alten Mythen sagen, dass man sie besser lassen sollte.

Ebenso wie Prometheus wurde auch Ikarus bestraft. Er lernte die Kunst des Fliegens, flog ins Weltall und kam der Sonne zu nah – ein aussagekräftiges Bild. Seine Flügel sind geschmolzen und er ist abgestürzt. Wir haben heute „space flight" – die Raumfahrt. Wir fliegen mehr oder weniger erfolgreich durchs Weltall. Wir haben uns also auch diesen

Traum erfüllt und ich glaube, darüber hinaus noch viele andere mehr. Die Bombe selbst interpretiere ich übrigens als eine Art Wut der Götter, von der wir so oft in den alten Mythen lesen.

Und nun versuchen wir also auch, künstliches Leben herzustellen, und das auf zwei ganz verschiedenen Wegen. Der eine ist im Bereich der Biologie angesiedelt, also „genetic engineering", und besteht, grob vereinfacht, darin, Gene zusammenzustellen, um damit ein Wesen herzustellen oder uns selbst so zu modifizieren, dass der Mensch als solcher nicht mehr erkennbar ist.

Der zweite Weg ist auf der Ingenieursebene angesiedelt und dabei fällt mir natürlich Dädalus, Vater des Ikarus und der Baumeister aus der griechischen Mythologie ein.

Für mich stellen sich auch zwei Variationen des Golem-Traums ganz deutlich dar: Wir versuchen, entweder Götter herzustellen oder sogar selbst Götter zu werden. Zumindest konstruieren und bauen wir Dinge, die wir dann anbeten können – ich erinnere mich hier an das Goldene Kalb. Dabei ist die moderne Naturwissenschaft nicht weit davon entfernt zu behaupten, sie habe das versprochene gelobte Land gesehen. Dazu passt der Ausspruch von Isaac Newton: „Wenn ich weit gesehen habe, ist es, weil ich auf den Schultern von Riesen stand." Heute steht die Naturwissenschaft auf viel höheren Schultern als zu Newtons Zeiten. Man könnte sagen, die Naturwissenschaft sieht die Welt vom Weltall aus und kann dementsprechend weit sehen. Da ist es kein Wunder, dass der Gedanke aufkommt, dem gelobten Land ziemlich nahe zu sein.

Sie haben eben einige verblüffend aktuelle Assoziationen zu
den griechischen Mythen genannt. Wie sieht der Golem für
Sie heute aus?

■ Der heutige Golem ist für mich ist keine Puppe, kein
Wesen, das wie ein Mensch aussieht, sondern eine Maschine.
Dazu muss ich allerdings meinen Maschinenbegriff etwas er-
weitern, so dass er auch solche Dinge wie gesellschaftliche
Ordnungen, also komplexe Systeme, beinhaltet.
Die Angst vor dieser Maschine, die viele Menschen
quält, das Unbehagen, das sie zu Recht verspüren, resultiert
aus der Einsicht, dass die Maschine außer Kontrolle geraten
kann, dass wir also die Grundsituation des Zauberlehrlings
immer wieder aufs Neue herstellen. Also, zuerst tut die Maschine genau das, was wir von ihr erwarten. Dann entwickelt
sie sich immer weiter, ihre Fähigkeiten verfeinern und diffe-
renzieren sich und schließlich gerät sie außer Kontrolle.
Dann werden wir die Geister, die wir riefen, nicht mehr los.
Das Bedrohliche besteht darin, dass man die Maschine
nicht mehr abschalten kann. Damit beginnt ein unendlicher
Albtraum. In dem berühmten Stummfilm „Der Golem" gibt
es noch einen Schalter. In einer Szene schaltet der Rabbiner
das von ihm geschaffene Wesen sozusagen ab, was zur Folge
hat, dass der Golem ohnmächtig wird. Aber daraus lernt der
Golem. Von diesem Zeitpunkt an schützt er den für ihn so ver-
hängnisvollen Knopf oder Schalter. Es ist interessant, dass es
später ein ganz kleines Mädchen ist – nicht älter als vier, fünf
Jahre –, dem es gelingt, ihn so weit abzulenken, dass sie den
Knopf betätigen und den Golem abschalten kann.
Heutzutage haben viele Menschen Angst, dass wir die
Maschine, die von uns konstruiert wurde, nicht mehr ab-
schalten können. Und diese Angst ist nicht unberechtigt.

Ich möchte Ihnen dafür ein sehr ernstes Beispiel geben: Eine Maschine, wie ich sie definiert habe, also eine Maschine, die mit gesellschaftlicher Ordnung zu tun hat, ist das Börsensystem. Ich denke jetzt an den Börsenkrach an der New Yorker Börse im Oktober 1987. Obwohl Computer darin eine wesentliche Rolle spielen, war es nicht ein spezieller Computer, der kaputtgegangen ist, sondern das ganze System.

Wie ist das geschehen? Die landläufige Meinung, die ich immer wieder zu hören bekomme, lautet: Es war ein Computerfehler. Erst kürzlich habe ich mit jemandem darüber geredet und musste ihm heftig widersprechen. Es war weder ein einziger Computerfehler noch waren es mehrere. Alles funktionierte glänzend, letztendlich fehlerlos, aber trotzdem gab es diesen Crash.

Es ist erstaunlich, denn nur noch wenige Menschen können sich daran erinnern und noch weniger haben damals geahnt, wie nah wir einer wirklich großen Katastrophe gekommen sind. Im Ernst, wir waren damals nahe am Zusammenbruch der gesamten weltweiten Finanzordnung. Wir waren der Katastrophe unglaublich nah.

Und wie ist es dazu gekommen – ohne dass ein Computerfehler vorlag, wie Sie betonen?

■ Ja, wie ist das gekommen? Zunächst einmal müssen wir uns vergegenwärtigen, dass es eine Zeit war – Ende der achtziger Jahre –, in der der allgemeine Siegeszug des PCs begann. Viele Menschen kauften sich einen PC für ihr Büro, darunter auch viele Börsenmakler. Sie versprachen sich viel davon, denn eine Kabelverbindung lieferte die Daten aus der Wall Street Börse direkt zu ihrem Computer, blitzschnell, wie es hieß, und dann konnten sie diese Daten sofort weiterverarbeiten.

Dafür hatte verschiedene Leute unterschiedliche Programme geschrieben, die die Daten analysierten, auswerteten und dann den Befehl zur Börse ausschickten, soundso viele Aktien von dieser oder jener Gesellschaft für soundso viel zu kaufen oder zu verkaufen. Ganz vereinfacht gesprochen, war das damals die Situation. Die Programme versprachen, dass man garantiert Profit machte, wenn man die betreffende Aktion ganz schnell durchführte. Man konnte also nur gewinnen und so gut wie nicht verlieren, wenn man in Sekundenschnelle reagierte.

Es hatte damit begonnen, dass ein Börsenmakler sich einen für diese Zwecke programmierten PC auf den Schreibtisch stellte und damit viel Geld verdiente. Bald machte es ihm ein anderer nach, dann sprach es sich herum und es kamen weitere hinzu. Innerhalb kurzer Zeit waren viele Computer auf diese Weise aktiv, vor allem in New York.

Jetzt muss ausdrücklich betont werden, dass diese Computer nicht im üblichen Sinne vernetzt waren, sondern für sich allein funktionierten. Es gab weder Kabel noch Telefonleitungen, die diese Computer verbanden, sie waren vollkommen selbständig. Aber dennoch gab es eine Verbindung: den Markt selbst.

Wenn ein Computer nämlich die Order erteilt, zum Beispiel 100 000 Aktien von General Electric zu kaufen, dann spürt das der Markt. Er reagiert und das wiederum spüren dann die anderen Maklercomputer, so dass auch sie etwas unternehmen.

Das Ganze – und das ist das Wichtige, was man begreifen muss –, diese ganze Menge von Computern bildet ein System, ohne dass es von jemandem extra als solches installiert wurde. Die einzelnen Teile sind miteinander verbunden und bilden ein System, das man mit Hilfe der Systemtheorie analysieren kann. Dann zeigt sich, dass es sich dabei um ein System handelt, das im Prinzip nicht stabil ist. Das bedeutet, es kann umkippen.

Ein stabiles System kann zwar auch ein wenig ins Kippen oder Strudeln geraten, fängt sich aber wieder. Es ist vergleichbar mit einem Segelboot, das mit einem schweren Schwert ausgerüstet ist. Wird der Wind zu stark oder der Wellengang zu hoch, dann kippt es ein bisschen, aber nur für eine gewisse Zeit. Danach gelangt es wieder zurück in die Ausgangslage, immer wieder, ganz zuverlässig.

Ein unstabiles System jedoch wie dieses, von dem ich spreche, kann einfach umkippen, ohne die Aussicht, sich wieder zu stabilisieren, und genau das ist damals geschehen.

Ich habe den Vorgang jetzt sehr grob vereinfacht. Natürlich ließe sich viel mehr und viel Genaueres darüber sagen, aber für das, was ich damit verdeutlichen will, ist es genug: Ich will vor allem betonen, dass dieses System von niemandem entworfen wurde. Niemand hat sich vorgenommen, ein solches System einzurichten, niemand hat es hergestellt. Niemand nimmt gegenüber diesem System eine Autoritätsstellung ein, niemand ist dafür verantwortlich. Daraus folgt beinahe zwangsläufig, dass es niemand abschalten kann.

Ja, solche Sachen passieren heute und werden immer häufiger passieren. Die New Yorker Börse schlug vor, dass alle Leute ihre Systeme abschalten sollten, wenn wieder einmal die Gefahr des Umkippens bestünde. Wenn man den Anschein einer Gefahr erkannte – natürlich auch mit Hilfe von Computern –, sollte einfach alles komplett abgeschaltet werden. Es stellte sich aber heraus, dass es keinen Schalter gab! Ich meine damit, dass man natürlich die Bitte äußern kann „Liebe Makler, benutzen Sie das jetzt nicht", aber das hätte unter Umständen zur Folge, dass jeder Makler meint, er sei in einer sehr guten Lage, wenn er jetzt als einziger das System weiter benutzt, während seine Konkurrenten genau das tun, was sie tun sollen.

Das System kann also nicht abgeschaltet werden. Und das habe ich mit meiner Aussage gemeint, dass unser heutiger Golem nicht unbedingt eine einzelne Maschine im üblichen Sinne ist. Wir haben es heute verstärkt mit Phänomenen zu tun, die wirklich sehr an den Zauberlehrling erinnern.

Und es ist auch ein Zeichen unserer Zeit, dass die Verantwortung für den Crash, man könnte auch sagen, die Schuld, in diesem Fall niemandem zuzuschreiben ist. Man kann nicht irgendjemanden festmachen und sagen: „Du bist schuld. Du hast das falsch gemacht." Wie gesagt, es war kein Computerfehler, alles funktionierte genau so, wie es sollte. Das Gefährliche: Man könnte viele solcher Beispiele geben. Ich kann nur wiederholen, ein wichtiges Charakteristikum unserer Gesellschaft besteht darin, dass sie die Technik entwickelt hat, Verantwortung so zu verteilen, dass niemand sie hat.

Was bedeutet es eigentlich, einem Computer etwas zu sagen?

■ Das hat sich im Laufe der Jahre vollkommen verändert. Ganz am Anfang bestand ein Computer aus einer großen Anlage, die räumlich sehr groß war und am jeweiligen Institut eine Art Zentrum bildete. Diese Anlage war vom Rest der Welt isoliert. Es gab weder Modems noch Telefonverbindungen zu anderen Computern oder Vernetzungen. Diese Art von Computer, von der ich jetzt spreche, hatte derjenige, der ihn bediente, wahrscheinlich selbst gebaut oder zumindest war er daran beteiligt gewesen. Deshalb konnte man damals tatsächlich sagen, dieser Computer macht, was wir ihm befehlen oder was wir eingebaut haben und sonst nichts.

Heute ist das ganz anders. Die PCs oder Großanlagen, wie sie in der Industrie verwendet werden, unterscheiden sich fundamental von dem Computer, wie wir ihn vor 50 Jahren kannten. Wenn man heute einen PC kauft – also, nur die sogenannte Hardware –, dann ist dieses Gerät bereits mit einem Betriebssystem versehen, also vollgestopft mit Programmen. Und deshalb stimmt es überhaupt nicht mehr, dass der Computer genau das tut, was ich ihm sage, denn die mitgelieferte Software, das Betriebssystem wurde ja nicht mit mir gemeinsam gestaltet. Genaugenommen hat also jemand anders meinem Computer gesagt, was er tun muss. Oder der Computer ist an ein Netzwerk angeschlossen und bekommt seinen Input – ich benutze bewusst das Wort „Input" statt „Informationen" – nicht nur von mir, sondern auch von anderen Teilnehmern im Computer-Netzwerk. Mein Computer – genauer gesagt, der Computer, den ich benutze – ist in diesem Fall also ein kleiner Teil eines Netzwerks, dem zum größten Teil von anderen Menschen oder sogar von anderen Computern befohlen wird, was er zu tun hat.

Der Satz „Computer tun nur, was man ihnen sagt", ist also nicht nur falsch, sondern mehr als gefährlich. Man sollte ihn nicht einfach unwidersprochen akzeptieren.

„Die Autoren eines Systems durchschauen ihr System", heißt es. Nein, das stimmt eben nicht. Und es ist sehr wichtig, das zu erkennen. Ich behaupte, dass der größte Teil der aktuellen Computersysteme, der großen weltumspannend agierenden Computersysteme, im Militärbereich zum Beispiel, nicht durchschaubar sind. Ich meine damit nicht nur, dass es niemanden mehr gibt, der sie durchschaut, sondern, dass es dafür überhaupt zu spät ist. Sie können jetzt nicht mehr durchschaut werden.

Weil sie so komplex geworden sind?

■ Ein so komplexes System wie ein Computersystem hat seine Entwicklungsgeschichte. So wie wir Menschen heute das Ergebnis unserer Geschichte sind, so ist ein bestehendes Computersystem das Ergebnis seiner historischen Entwicklung. Und wenn diese Geschichte verloren geht, dann kann man das System nicht mehr verstehen. Stellen wir uns vor, dass ein Computersystem sorgfältig von einer Gruppe von Wissenschaftlern entwickelt wird, die zusammenbleiben. Dann wird die Geschichte dieses Computersystems bewahrt. Aber das ist fast nie der Fall.

Ich möchte jetzt noch einmal zurückkommen zum Thema Künstliche Intelligenz und den Protagonisten, die Sie schon erwähnt haben.

■ Die Extremisten, die Ideologen der Künstlichen Intelligenz, versuchen, Gott zu spielen: „Wir können es besser als die Natur!" Oder wie man früher vielleicht gesagt hätte – ich würde es immer noch so sagen – „besser als der liebe Gott". Da muss man von Größenwahn, buchstäblich von Wahnsinn sprechen. Es ist der Wahn, Gott zu spielen. Ich sehe auch von meiner Beobachtungskabine – früher vom MIT aus, wo ich Jahrzehnte einen direkten Überblick über diese Sachen hatte, heute von meinem Arbeitszimmer in Berlin aus –, dass alle diese Ideologen der Künstlichen Intelligenz – Minsky, Moravec, Feigenbaum – Männer sind. Irgendwann einmal muss man darauf aufmerksam machen. Hat das irgendetwas mit dieser Sache zu tun oder nicht? Es ist wirklich schwer zu glauben, dass es nichts damit zu tun hat.

Das ist unwahrscheinlich. Vielleicht liegt ein Grund darin, dass weniger Frauen in diesem Bereich arbeiten?

■ Das trifft heute gar nicht mehr zu. Es gibt mittlerweile viele Frauen, die sich mit dieser Technik beschäftigen. Sogar im Bereich Computerwissenschaft an den amerikanischen Universitäten. Es stimmt auch nicht, dass Frauen überhaupt nicht auf dem Gebiet der Künstlichen Intelligenz arbeiten. Was auffällt, ist, dass sie ganz anders arbeiten.

Es ist übrigens ähnlich wie beim Typus des zwanghaften Programmierers, mit dem ich mich schon sehr lange auseinandergesetzt habe. Es ist ein erstaunliches Phänomen. Für den zwanghaften Programmierer ist seine Tätigkeit nicht das Mittel, um zu einem bestimmten Ergebnis zu gelangen, sie ist vielmehr Selbstzweck. Der Programmierer schafft mit Hilfe des Computers Welten, über die er herrscht und zwar nur er. Er fühlt sich nur dann wohl, wenn er mit seiner Maschine verbunden ist. Er stellt sich selbst vage Aufgaben mit uneindeutig definierten Zielen, die unübersichtliche Programmsysteme betreffen. Das garantiert ihm, dass seine Lieblingsbeschäftigung lange andauern wird.

Mich hat vor allem die psychologische Komponente interessiert: Der zwanghafte Programmierer befindet sich nämlich in einer widersprüchlichen Situation. Einerseits ist er der absolute Herrscher über den Computer, der alles ausführt, was er ihm „befiehlt". Andererseits zeigt ihm der Computer unbarmherzig die Fehler, die er begangen hat. Jedes Fehlverhalten des Computers ist letztlich auf einen Fehler des Programmierers zurückzuführen. Diese Fehler oder scheinbar unlösbaren Probleme sind es, die den zwanghaften Programmierer herausfordern.

Ich habe diesem Typus in meinem Buch „Die Macht der Computer und die Ohnmacht der Vernunft" ein eigenes Kapitel gewidmet. Darin vergleiche ich ihn mit dem professionellen Spieler, dem es letztlich nicht ums Gewinnen, sondern ums Spielen selbst geht. Ich habe in Dostojewskis Roman „Der Spieler" eine Szene gefunden, in der er ein nächtliches Spielkasino beschreibt, kurz bevor es geschlossen wird. Nur noch wenige Spieler sind zugegen – die echten Spieler. Sie wollen den Raum nicht verlassen, versuchen den Moment des Spielschlusses immer weiter hinauszuzögern und wissen dennoch, dass er eintreten wird. Ich habe mich bei dieser Schilderung sofort an die Atmosphäre eines Universitäts-Rechenzentrums spät am Abend oder in der Nacht erinnert gefühlt.

Es gibt zwanghafte Programmierer überall auf der ganzen Welt: in den USA, in Japan, in Russland, in China, in Europa. Aber das Komische dabei ist, dass es ausschließlich Männer sind. Es gibt keine Frauen, die zwanghafte Programmiererinnen sind. Es gibt sie nicht. Ich habe in den letzten 30 Jahren überall – und ich bin wirklich in der ganzen Welt herumgekommen – danach gesucht. Vergeblich.

Manchmal, wenn ich meine Beobachtung äußerte, wurde mir widersprochen: „Doch, natürlich gibt es sie." Wenn ich dann aber nachfragte, „Wer denn?", fiel die Antwort immer ausweichend aus: „Ich selbst kenne keine, aber ein Freund hat mir davon erzählt."

Kurzum, ich habe bisher noch keine zwanghafte Programmiererin gefunden und das muss doch einen Grund haben. Ob es eine Verbindung gibt zwischen zwanghafter Programmierung und dem Trieb, Gott zu spielen? Ich vermute es und werde durch meine Beobachtungen immer wieder ermuntert, noch mehr als bisher zu glauben, dass eine solche Verbindung existiert.

Jedenfalls scheint das ziemlich offensichtlich.

■ Schauen wir uns noch einmal an, wie die Protagonisten der Künstlichen Intelligenz ihre eigene Arbeit definieren. Was sagen sie selbst darüber? Nehmen wir noch einmal das Buch „Mind Children" von Hans Moravec. Er formuliert ganz deutlich die Absicht, menschliches Leben künstlich herzustellen, welches unvernichtbar, unsterblich und von Anfang an intelligent ist.

Unsere Kinder sind genau das Gegenteil: am Anfang hilflos und verletzlich. Dann dauert es fast zwei Jahrzehnte, bevor sie überhaupt selbstständig für sich sorgen können, also weitgehend unabhängig sozusagen funktionieren können. Es dauert lange und ist mit vielen Schwierigkeiten verbunden. Der Mensch ist also eigentlich eine Fehlentwicklung, die man optimieren könnte.

Wir, so kündigt Moravec an, könnten künstliches Leben herstellen, das viel besser wäre als der Mensch, viel intelligenter als der Mensch und das darüber hinaus auch noch unsterblich wäre. Die Unsterblichkeit spielt für ihn eine große Rolle, darüber haben wir schon gesprochen. Seine Ankündigung, „Wir können Kinder herstellen, die sofort eine viel höhere Intelligenz haben als wir selbst und die unsterblich sind," bedeutet doch nichts anderes als: „Wir können es besser als die Natur, wir können es besser als die Frauen. Wir Männer sind den Frauen heute in der Fähigkeit, Kinder zu produzieren, überlegen."

Und das deute ich als Neid auf die Fähigkeit der Frauen,

Kinder zu bekommen. Ich würde es als Uterusneid bezeichnen. Ich glaube wirklich ganz fest: Das ist das Wesentliche dabei. Das ist letztlich der Beweggrund. Ich würde es sehr begrüßen, wenn einmal irgendjemand eine Studie darüber anfertigen würde. Was treibt diese Leute? Wie entsteht ihre Motivation? Wie kommt es, dass Kinder, die klug sind und in der Schule sehr gut, sich zu Menschen entwickeln oder sich in Menschen verwandeln, die an solche Sachen glauben und so denken? Was ist das? Woher kommen diese Menschen? Ich glaube, das sind wichtige Fragen, vielleicht genauso wichtig wie die Fragen in Bezug auf die furchtbaren Nazimörder und Kriegsverbrecher. Da sollte man auch fragen: Wie sind sie entstanden? Wie sind sie so geworden? Was ist es im Menschen, was ihn so weit bringen kann? Ich glaube, das sind wichtige Fragen, die wirklich untersucht werden sollten.

Sie kennen doch die meisten Protagonisten der Künstlichen-Intelligenz-Szene persönlich?

■ Allerdings, und ich muss einräumen, sie sind im landläufigen Sinne nette Menschen, ohne besondere Auffälligkeiten: Sie haben Ehefrauen und Kinder und sind gut zu ihnen, manchmal mehr, manchmal weniger, wie die meisten Menschen. Sie sind keine Monster. Gerade deshalb drängt sich mir die Frage auf: Wie kommen sie dazu, sich gerade mit diesen Themen zu beschäftigen und ihre Forschung gerade in diese eine bestimmte Richtung zu treiben? Ich muss gestehen, ich kann diese Frage nicht beantworten und kann nur wiederholen: Ich hoffe sehr, dass einmal ernsthaft von Fachleuten analysiert werden wird, wer diese Leute sind und was sie miteinander gemeinsam haben.

Eine Eigenschaft, die ihnen gemeinsam ist, besteht in

der Verachtung des biologischen Lebens. Ich möchte sogar so weit gehen, dass ich sage, das beinhaltet die Verachtung des Lebens überhaupt. Ich habe Minskys Ausspruch „The brain is merely a meat machine" und seine Implikationen schon erwähnt und die Auffassung, die er mit Moravec teilt, dass der Mensch als eine Fehlentwicklung Gottes anzusehen ist, der, wie gesagt, nur ein mittelmäßiger Ingenieur war.

Diese Auffassung von Gott als Ingenieur oder Architekt hat in vielen Diskussionen, die ich geführt habe, eine wesentliche Rolle gespielt. Und als Beweis für seine Unfähigkeit wurden die Unzulänglichkeiten seiner Schöpfung angeführt: Der Mensch ist schwach, er wird krank, er ist störanfällig. Ohnehin dauert es lange, bis er seine Intelligenz ausgebildet hat. Und dann, wenn es schließlich in einigen wenigen Fällen gelungen ist – meistens gelingt es überhaupt nicht – einen richtig „guten" Menschen, mit hoher Intelligenz natürlich, sozusagen „herzustellen", dann dauert es nicht lange, bis er stirbt und alles verloren geht. Das ist, so diese Auffassung, doch unbestreitbar eine Fehlentwicklung der Evolution und der Natur.

Diese Haltung ist sehr weit verbreitet. Douglas Hofstadter, der Autor des berühmten Werks „Gödel, Escher, Bach", wurde bei einer Veranstaltung, an der ich auch teilnahm, gefragt, ob er daran denke, dass seine Arbeit Konsequenzen haben und für die Menschen vielleicht gefährlich werden könnte. Hofstadters Antwort war: Erstens kümmere er sich nicht darum und zweitens sei die menschliche Rasse nicht das Wichtigste im Universum.

Damit ist die Verbindung zu Moravecs „Mind Children" hergestellt. Wenn man nämlich die Aussage, die menschliche Rasse sei nicht das Wichtigste im Universum, konsequent weiterdenkt, kommt man zwangsläufig zu dem Schluss, dass etwas anderes wichtiger ist. Zwei Fragen sind zu stellen: Was ist es, das wichtiger ist? Und wem ist es wichtiger?

Ein weiterer bedeutender amerikanischer Philosoph, Daniel Dennett von der Tufts Universität, hat sogar einmal die Forderung aufgestellt: „Wir müssen unsere Ehrfurcht gegenüber dem Leben loswerden, um weitere Fortschritte in der Künstlichen Intelligenz machen zu können." Nicht irgendwer hat das irgendwo postuliert, sondern ein anerkannter Professor vertritt und lehrt eine solche These an seiner Universität und niemand, außer mir, hat dagegen protestiert. Ich glaube wirklich, ich war der Einzige.

Heute protestieren ohnehin in Amerika nur wenige Menschen gegen die Auffassung, dass der Mensch im Grunde genommen eine Informationsverarbeitungsmaschine ist oder dass Teile des lebenden Menschen durch künstliche Organe ersetzt werden können. Fast die gesamte abendländische Medizin ist ja auch auf dieser materialistischen Hypothese aufgebaut.

Ein Glaube hat das Menschenbild unserer Zeit tief beeinflusst: der Glaube, die Naturwissenschaft habe es endlich möglich gemacht, zum einen über die Künstliche Intelligenz, zum anderen über die Genetik künstliche Wesen herzustellen, die nicht nur als Menschen funktionieren, sondern überdies der Perfektion näher sind als natürliche Menschen.

Was in der Literatur der Künstlichen Intelligenz auffällt, sind die Prognosen für die Zukunft.

■ Ganz in der Zukunft zu leben, bedeutet auch, heute nicht anwesend zu sein. Es ist ein Wegrennen von der Gegenwart. Es ist eine Flucht.

Tatsächlich ist die Literatur der Künstlichen Intelligenz geprägt von Versprechungen darüber, wie schön die Zukunft sein wird. Es ist darum eine wirklich außerordentliche Wissenschaft. Es ist erstaunlich, dass die Idee der Künstlichen Intelligenz überhaupt irgendwo ernst genommen wird. Aber in der ganzen Welt wird sie ernst genommen. Die Idee hat sich verkauft, obwohl sehr, sehr wenig dahintersteckt.

Mensch und Maschine

Die kritischen Fragen, die im Vordergrund stehen, sind: Was ist das Wesentliche des Menschseins? Und welche Eigenschaften der menschlichen Intelligenz sind „computable", also berechenbar?

■ Nehmen wir ein beliebtes Beispiel, durch das die wachsenden Intelligenzleistungen des Computers bewiesen werden sollen: das Schachspiel. Schon sehr oft ist jemand mit dem Einwand zu mir gekommen: „Aber bitte, Herr Weizenbaum, heute können doch die Computer Schach spielen, viel, viel besser als die allermeisten Menschen. Das ist doch ein Erfolg der Künstlichen Intelligenz."

Da muss ich widersprechen: Nein, das ist es nicht.

Das Schachspielen mit Computern hat mit der Aufgabe begonnen, dem Computer beizubringen, was im Kopf des Schachmeisters vor sich geht, wenn er den nächsten Zug macht. Es hat nicht lange gedauert, bis die Computer viel schneller geworden sind und ihre Speicherkapazität sich um ein Vielfaches vergrößert hat, so dass man der Versuchung einfach nicht widerstehen konnte, diese enorme Geschwindigkeit und diese riesige Speicherkapazität auszunützen.

Heute ist das perfekte Schachspiel, das Computer spielen können, ganz und gar und ohne Ausnahme, der Erfolg der rohen Macht des Computers. Ich meine jetzt die Elektronik, die Speicherkapazität, nichts anderes. Das hat mit Künstlicher Intelligenz einfach nichts zu tun.

Vielleicht sollte ich das so sagen: Im Weltklasse-Tennis

können beide Spieler so sehr gut spielen, dass keiner dem anderen wirklich eindeutig überlegen ist. Deshalb hofft jeder von ihnen, dass der andere einen Fehler macht. Und genauso ist es auch beim Schach, wenn man wirklich gut spielt. Irgendwann macht einer einen Fehler. Der Computer ist heute so weit entwickelt, dass er viele Millionen Rechnungen pro Sekunde ausführen kann. Und er macht eben keine dummen Fehler beim Schach. Menschen machen dumme Fehler, auch raffinierte Fehler, aber der Computer macht das nicht. Es hat jedenfalls gar nichts mit Künstlicher Intelligenz zu tun.

Es hat damit zu tun, dass beim Menschen die momentane Befindlichkeit eine Rolle spielt.

■ Nicht nur das. Wir Menschen ... oder vielleicht sollte ich besser nur von mir selbst reden: Ich kann kein Auto aufheben, es ist viel zu schwer. Gewisse Maschinen, zum Beispiel Kräne, können das. Vielleicht hat diese Maschine sogar einen Arm, der so aussieht wie ein menschlicher Arm.

Manche Menschen können im Schachspiel drei, vier, vielleicht fünf Züge voraussehen, aber selten mehr. Der Computer kann eben viel weiter schauen, in dem Sinn, dass er viel mehr Züge voraussieht. Das ist einfach die rein quantitative, rohe Macht des Rechnens, genauso wie bei dem Kran: Es ist die rohe Macht des elektrischen Motors, der das Auto aufheben kann, und sich dazu in Konkurrenz zu begeben, also zu behaupten, der Kran sei besser als ich und Gott sei ein unfähiger Ingenieur, ist einfach absurd.

Und wie würden Sie in diesem Zusammenhang die sogenannten Expertensysteme werten?

■ Das meiste davon ist Fiktion oder ich könnte auch sagen, reine Propaganda. Was sind Expertensysteme überhaupt? Vom technischen Standpunkt aus – ich spreche jetzt ganz technisch von meinem eigenen ehemaligen Fach, also „Computer Science", Informatik, wie es hier genannt wird – bezeichnet Expertensystem eine spezifische Architektur der Programmierung. Genau wie die Sprachen Fortran, Algol oder Pascal zu einer gewissen Architektur der Computersprachen gehören.

Das Expertensystem ist ein Werkzeug und hat mit Künstlicher Intelligenz, irgendwie ernsthaft definiert, überhaupt nichts zu tun. Es ist einfach eine Methode, gewisse Regeln hinzuschreiben, sonst nichts. Man sollte nicht Expertensysteme mit Künstlicher Intelligenz verwechseln.

Lassen Sie mich ein Beispiel nennen: Heutzutage werden die meisten großen Flugzeuge, die Jumbos, von Computern gelandet, statt vom Piloten. Der Pilot ist natürlich anwesend und muss aufpassen, aber das Flugzeug wird tatsächlich in den meisten Fällen vom Computer gelandet. Da haben wir also ein System im Flugzeug, das viele Faktoren gleichzeitig wahrnehmen kann: wie hoch, wie schnell, wie nah dem Boden etc. Dann macht es eine „computation", das heißt, das System berechnet, was jetzt zu tun ist.

Dieses System ist den Gegebenheiten gegenüber, in denen sich das Flugzeug befindet, viel empfindsamer, als es ein Mensch überhaupt je sein könnte. In diesem Sinne ist es dem Menschen weitaus überlegen, sozusagen besser als der Mensch. Ist das aber Künstliche Intelligenz?

Solche Systeme wie das automatische Landungssystem wurden ungefähr zu derselben Zeit in England und in den USA von Leuten entwickelt, die sehr viel von Computern und gleichzeitig auch sehr viel vom Fliegen und von Flugzeugen verstanden. Sie hatten nicht die geringste Ahnung, dass sie an der Entwicklung von Künstlicher Intelligenz arbeiteten. Sie entwickelten einfach ein spezielles Anwendungssystem. Die meisten Programme, die wir heute unter Künstliche Intelligenz subsumieren, sind Anwendungssyteme dieser Art. Ich bin absolut sicher, wäre dasselbe System, mit dessen Hilfe heute Flugzeuge starten, gesteuert werden und landen, am MIT oder in Standford oder an der Carnegie Mellon Universität – das sind die drei großen Künstliche-Intelligenz-Universitäten in Amerika, wo diese Idee wirklich sehr weit getrieben wird – entwickelt worden, dann würde die Propaganda niemals enden. Es würde als ein Triumph der Künstlichen Intelligenz gefeiert werden. Aber da es sich, wie ich geschildert habe, um eine von Ingenieuren entwickeltes Anwendungsprogramm handelt, wird es eben nicht so spektakulär gefeiert.

Die allermeisten Anwendungen, die wir heute Künstliche Intelligenz nennen, haben genau diesen Charakter. Der Begriff Expertensystem bezieht sich auf eine bestimmte technische Architektur und auf nicht mehr. Das wird außerhalb der Universitäten und Forschungsinstitute natürlich kaum durchschaut, was zur Folge hat, dass die Öffentlichkeit in den letzten 40 Jahren mit Computermythen und Märchen nur so bombardiert wurde. Die Protagonisten der Künstlichen Intelligenz profitieren davon, dass die Mehrheit unfähig ist, selbst zu entscheiden, was da stimmen könnte und was nicht. Und so wird ein Märchenglaube erzeugt. Viele Menschen glauben an solche Mythen und lassen sich von den Professoren dazu verführen, ihnen und ihren Fortschrittsträumen kritiklos zu folgen. Sie ordnen sich wissenschaftlicher Autorität unter und erliegen der Faszination der Zukunftsversprechungen.

Wer versteht wen?

Das beweist, welche Faszination die Idee der Menschenähn-lichkeit von Maschinen auslöst und wie groß die Bereitschaft ist, dem Computer Intelligenzleistungen zuzuschreiben. Das „Eliza"-Beispiel hat das ja bereits eindrucksvoll gezeigt. Wie kommt man überhaupt dazu, dem Computer Verstehen und Verständnis zuzuschreiben?

■ Ja, kann der Computer verstehen? Ich würde dieser Frage gern einige andere zur Seite stellen, denn es gibt dazu eine Reihe von Nebenfragen. Eine lautet: Kann der Computer überhaupt etwas produzieren? Dazu fällt mir schon wieder eine weitere Nebenfrage ein, die vielleicht die erste bereits beantwortet: Kann ein Kernkraftwerk Ener-gie produzieren? Die Antwort ist doch ganz klar: Nein. Ein Kernkraftwerk kann Energie verwandeln, umwandeln, aber nicht produzieren. Die Analogie zum Computer ist offen-sichtlich.

Zurück zum Verstehen. Ist Verstehen nicht eine notwendige Voraussetzung für eine sogenannte kreative Produktion?

■ Auch hierzu fällt mir ein Buch ein, das nicht gerade zu meinen Lieblingsbüchern zählt: „Die Wunschmaschine" von Sherry Turkle, einer Kollegin vom MIT, die dort Soziologie lehrt. In ihrem Buch geht es unter anderem um unerwartete Dinge, die der Computer angeblich tut. Und es geht um Kin-der. Der Computer reagiert also scheinbar unberechenbar, mal auf die eine, mal auf die andere Weise. Das Kind, das mit ihm spielt, klagt: „Der Computer betrügt uns." Daraufhin erwidert ein anderes Kind sofort: „Um betrügen zu können, muss der Computer wissen, dass er betrügt."

Daraus folgere ich: Um kreativ zu sein, muss das kreative Instrument – der Mensch oder der Computer – wissen, dass es kreativ ist. Ich bin mir im Moment nicht sicher, ob sich dieses Argument tatsächlich bis in die letzte Konsequenz verteidigen lässt oder nicht, jedenfalls scheint es mir recht plausibel zu sein.

Ich will jetzt aber endlich auf die Frage eingehen: Kann der Computer verstehen? Wenn die Antwort darauf „nein" wäre – und im Großen und Ganzen glaube ich, sie lautet „nein" – dann folgt daraus doch zweifellos, dass die unzähligen Arbeiten zu diesem Thema hoffnungslos oder sogar sinnlos sind. Zumindest heißt es, dass sie nur eine begrenzte Bedeutung haben und die große Euphorie, mit der sie oft vorgetragen werden, nicht angebracht ist.

Von welchem Begriff von Verstehen gehen Sie aus?

■ Mein Ausgangspunkt ist der Mensch. Ich gehe vom menschlichen Verstehen aus. Man sollte also zuerst fragen: Kann der Mensch verstehen? Und da würde ich noch genauer fragen: Kann der Mensch absolut verstehen? Kann ein einzelner Mensch einen anderen vollkommen verstehen? Auch hier ist die Antwort: Nein, das kann er nicht.

Heute ist es Mode, über „computer understanding of natural language" zu sprechen. Dem Computer soll also beigebracht werden, die natürliche Sprache – zum Beispiel Deutsch oder Englisch – und nicht nur die künstlichen Sprachen wie eben die spezifischen Computersprachen zu verstehen. Das beinhaltet die Idee, dass ein Satz eine bestimmte Bedeutung hat.

Mir fallen wieder einmal viele Beispiele ein: Das erste Beispiel habe ich schon oft im Rahmen meiner Vorträge erwähnt und fast immer wurde es entweder missverstanden oder überhaupt nicht verstanden. Es handelt sich diesmal nicht um eine Geschichte, die ich mir ausgedacht habe, sondern um ein eigenes Erlebnis, das mir tatsächlich widerfahren ist:

Ich war in New York, in Manhattan. Es war gegen drei Uhr am Nachmittag, auf der Straße waren viele Autos und viele Menschen unterwegs. Ich stand an einer Ampel und wartete auf das Fußgängersignal, um die Straße zu überqueren. Plötzlich kam ein Mann auf mich zu und fragte mich auf Englisch: „Sind Sie Jude?" Ich antwortete: „Ja." Da fragte er weiter: „Wie spät ist es?" Auch diese Frage beantwortete ich ihm. Ende. Das ist die ganze Geschichte. Wie soll man das verstehen? Haben Sie es verstanden?

Ob ich es richtig verstanden habe, weiß ich nicht, aber ich könnte mir verschiedene Erklärungsversionen vorstellen.

■ Die gibt es auch. Und die resultieren aus den unterschiedlichen Lebensgeschichten. Vielleicht würden Sie lachen, wenn ich Ihnen meine Erklärung nenne.

Aber kommen wir zu einem weiteren Beispiel: In der Musikwelt gab es einmal ein wunderbares Quartett, das nie wieder seinesgleichen finden wird: Arthur Rubinstein am Piano, Gregor Piatigorsky am Cello, Jascha Heifetz an der Violine und William Primrose an der Bratsche. Heute erinnern sich wahrscheinlich nur noch ältere Menschen daran. Die vier spielten einmal in der New Yorker Carnegie Hall.

Und auf einmal hatte Rubinstein – wie es ihm öfters passierte – den Faden verloren. Da flüsterte er Piatigorsky zu: „Wo sind wir?" Und Piatigorsky antwortete: „In der Carnegie Hall in New York."

Wieder ist es der Kontext, der zum „richtigen" Verstehen unerlässlich ist.

■ Genau. Noch ein Beispiel: der Satz „Das Kind wirft den Ball." Man könnte nun sagen, jeder weiß, was das bedeutet. Der Satz hat eine Bedeutung. Aber das stimmt nicht. Sogar dieser Satz hat keine Bedeutung unabhängig von dem, der den Satz hört oder den Satz geschrieben oder gesagt hat, unabhängig von einem Kontext, der nur in menschlichen Zusammenhängen erklärt werden kann.

Es ist eine interessante kleine Aufgabe. Nehmen wir so einen ganz einfachen Satz wie „Das Kind wirft den Ball." Und jetzt fragen wir irgendjemanden: „Was bedeutet dieser Satz?" Es ist einfach unausweichlich, dass derjenige, der diese Frage ernst nimmt und zu sagen versucht, was der Satz bedeutet, jetzt eine Geschichte erzählen muss. Dabei entstehen verschiedene Variationen. Genau wie Sie es eben bezüglich meines Erlebnisses in New York an der Fußgängerampel gesagt haben.

Wir könnten zu einem solchen Satz wie „Das Kind wirft den Ball" unendlich viele Geschichten erfinden. Eine ganz aufregende Version wäre ein Krimi mit Geheimagenten, in dem der Satz „Das Kind wirft den Ball" die Funktion eines Codes hat, der bedeutet: „Heute nicht." Dann geht es weiter, denn was bedeutet „Heute nicht"? Ich meine, für einen Geheimagenten. Auch dazu hat jeder wieder unzählige verschiedene Geschichten im Kopf. Ohne sie geht es einfach nicht.

Und das bedeutet natürlich, dass der Satz als solcher oder sogar dieser Absatz oder dieses ganze Buch als Text keine absolute Bedeutung hat. Die Bedeutung wird von dem erzeugt, der es liest, der es wahrnimmt, der es aufnimmt.

Aber wenn das alles so willkürlich ist innerhalb unserer Kommunikation, wie Sie es eben geschildert haben, wie kommt es dann, dass wir uns überhaupt verstehen können?

■ Ja, warum verstehen wir einander? Eine Antwort ist: Wir haben alle die Erfahrung, ein Mensch in dieser Welt zu sein, und das bedeutet, dass wir sehr viel gemeinsam haben, sehr, sehr viel an menschlichen Grunderfahrungen.

Wir sind alle das Ergebnis unserer Geschichte. Alle Wesen sind Ergebnisse ihrer Geschichte, aber wir können einander nicht absolut verstehen, weil wir ja alle eine andere Geschichte haben. Jeder Mensch ist ein Sonderfall, jede menschliche Geschichte ist eine eigenständige und ganz besondere Geschichte. Aber wir können uns verstehen, weil wir einen gewissen Teil unserer Geschichte miteinander teilen.

Ich spreche jetzt auch von den Aborigines in Australien oder sogar von Menschen, die vor mehreren tausend Jahren gelebt haben. Alle haben dieselben biologischen Bedürfnisse – diese sind für alle Menschen gleich. Und alle wurden von einer Mutter geboren und alle mussten die Aufgabe bewältigen, sich von ihrer Mutter, von ihren Eltern zu trennen, ich meine nicht nur körperlich, sondern auch geistig. Keine einfache Aufgabe.

So fängt unsere gemeinsame Geschichte an.

Wenn wir dann sozialisiert werden, kristallisieren sich die Unterschiede heraus und wir beginnen, uns zunehmend voneinander zu unterscheiden. Wir werden sozialisiert als Deutsche, als Amerikaner usw. Aber wir leben doch meistens in einer gemeinsamen Welt. Das kann in Cambridge, Massachusetts, oder in Berlin ein. Wir verfügen über Erfahrungen, die uns verbinden. Aber eben nicht absolut.

Die Lebensgeschichten von Menschen des sogenannten Abendlandes – seien sie nun Amerikaner oder Deutsche – gleichen einander viel mehr als die von Amerikanern und Japanern, deren Sozialisierung sehr viel anders verlaufen ist. Es gibt Bereiche, wo sie sich nicht miteinander verständigen können.

In Amerika basiert die Sozialisierung eines Kindes beispielweise auf der Prämisse seiner totalen Hilflosigkeit und Abhängigkeit von den Eltern. Daraus resultiert das Erziehungsziel, das Kind so schnell wie möglich unabhängig werden zu lassen.

Das ist in Japan genau umgekehrt. Dort wird das Baby als völlig unabhängig und frei von allen sozialen Bindungen angesehen und das Ziel der Erziehung besteht nun gerade darin, diese Bindungen herzustellen. Also eine völlig unterschiedliche Interpretation der gleichen Lebensstufe.

Das bedeutet nun aber nicht, dass ein Japaner mir nicht irgendetwas Sinnvolles über sein Leben oder das seiner Kinder erzählen kann. Es ist auch nicht so, dass ich zu wenig verstehe, um vernünftig antworten zu können. Das kann ich schon. Aber ich kann zum Beispiel nicht entscheiden, welche Ausbildung für seinen Sohn oder seine Tochter die richtige wäre, ob sie eine Universität besuchen sollen oder nicht. Das kann ich nicht beurteilen, weil ich eben nicht als Japaner sozialisiert bin. Ich kann seine Situation also im eigentlichen Sinn, in einem strengen Sinn, nicht verstehen. Mein Verständnis reicht über eine bestimmte Ebene nicht hinaus. Deshalb sollte ich mich mit Ratschlägen zurückhalten. Ich sollte nicht versuchen einzugreifen.

Nun zum Computer: Ich würde sagen, er kann nicht verstehen, weil er mit der Welt keine semantische Verbindung aufnimmt. Im Computer ist alles abstrakt, die Bits oder die Elektronen rasen herum und was sie bedeuten, kann der Computer nicht wissen, er kümmert sich nicht darum. Das ist sogar schon zuviel gesagt, er kann sich nämlich gar nicht „kümmern".

Da höre ich schon den Einwand: Aber das könnte korrigiert werden, indem man Roboter herstellt, die ein menschenähnliches Verhältnis zu ihrer Umgebung entwickeln, die das gesamte Sinnes-Instrumentarium des Menschen zur Verfügung haben, also Roboter, die spüren, tasten, sehen, hören können.

Wenn man nun einige von ihnen zusammenbringt, und sei es nur, dass man sie sich für eine bestimmte Zeit in einem Raum aufhalten lässt, dann würden sie doch auch beginnen, eine gemeinsame Geschichte zu haben. Und weder diese Geschichte noch das Experiment noch die daraus resultierenden Veränderungen wären programmiert. Vorher programmiert worden sind lediglich die Möglichkeiten, nicht aber die Veränderungen selbst, die „Erlebnisse", die ein solcher Roboter haben kann. Wenn man so weit denkt, muss man den Robotern semantische Verbindungen zu Dingen in der Welt, jedenfalls in ihrer Welt, zugestehen. Damit haben sie eine Geschichte, ihre eigene Geschichte, ihr eigenes Selbstbewusstsein.

Welche Konsequenzen hätte das für das Verhältnis Mensch-Maschine?

■ Letztlich keine, denn auch diese hochentwickelten Roboter hätten ja keinen menschlichen Erlebnishintergrund.

Auch wenn sie sich ähnlich bewegen oder sogar verhalten, haben sie eine völlig andere Geschichte als wir Menschen. Vielleicht könnte ein Roboter oder ein Computer unsere Sätze in einem einfachen sprachlichen Sinn auseinandernehmen, aber er könnte sie nicht richtig interpretieren, weil er nicht unsere Sozialisation und Lebenserfahrung hat.

Ein weiterer wichtiger Punkt – neben dem Fehlen der gemeinsamen Grunderfahrungen –, den ich unbedingt im Zusammenhang mit dem Thema „Verstehen" ansprechen möchte, besteht darin, dass die meisten Gespräche, die wir führen, die meisten Textverarbeitungen, die wir ausführen, sich in einem ganz engen Kontext bewegen.

Nehmen wir das Wort „Krankenhaus". Was bedeutet es, wenn jemand nur dieses eine Wort ausspricht?

Ja, wieder einmal kommt es ganz darauf an. Wenn ich zusammen mit einer schwangeren Frau in ein Taxi steige und ganz dringend „Krankenhaus" zum Fahrer sage, weiß er ganz genau, was das bedeutet. Wenn ich jedoch in der U-Bahn sitze und auf einmal zu mir selbst, aber auch für andere hörbar „Krankenhaus" sage, werden mich die Leute verständnislos anschauen, weil sie keine Ahnung haben, was das bedeuten könnte.

Es erinnert mich an ein Phänomen, das wir in der westlichen Welt beobachten können. Wenn man in ein feines Hotel geht, in Paris oder in Rom oder in New York, dann scheint es, als ob der Concierge dort 17 Sprachen versteht. Angenommen, ich bin in Paris, wende mich an den Concierge und sage auf Deutsch: „Ich habe meinen Kragenknopf verloren und ich brauche ihn spätestens heute Abend um acht Uhr, weil ich dann in die Oper gehe." Das versteht er und er versteht auch andere Dinge dieser Art. „Bitte, ich möchte gern ein Billett für die Opéra-Comique oder für die Comédie Française haben."

Aber wenn man jetzt anfangen würde, über deutsche Politik zu reden oder über Psychologie, also zum Beispiel darüber, was Freud über Kindheit gesagt hat, dann wäre er verblüfft. Dann würde er überhaupt nichts verstehen. Das heißt, er wird angesprochen innerhalb ganz bestimmter Bereiche, die sehr eng determiniert sind, weil er eben in einem Hotel arbeitet. Wäre er in einem Krankenhaus tätig, würde es etwas anderes sein, am Bahnhof oder am Flughafen wieder etwas anderes.

Wir Menschen verstehen uns, weil die meisten Gespräche, die wir führen, zweckmäßig sind oder auf Grunderfahrungen beruhen, die wir teilen, einfach weil wir Menschen sind. Wenn ich zum Beispiel „Einsamkeit" sage, dann verstehen Sie, was ich meine, auch wenn Ihr Begriff von Einsamkeit sich wahrscheinlich erheblich von meinem unterscheidet. Mein Begriff von Einsamkeit wird ganz anders sein als Ihrer, weil ich eben ganz anders gelebt habe.

Selbst wenn wir Menschen eine bestimmte Grundausstattung von Erfahrungen haben, die bei allen gleich oder ähnlich ist, so schafft das zwar Voraussetzungen für Verständnis, aber eine Garantie bedeutet es nicht.

■ Es gibt keine Garantie. Ich kann Ihnen vielmehr garantieren, dass wir Menschen uns nicht absolut verstehen können. So ist es und das ist schön! Es würde furchtbar langweilig sein, wenn wir alle dieselbe Geschichte hätten. Wir sprechen miteinander, weil es eben Unterschiede gibt.

Ich habe eine Phantasie, die mir gefällt: Ich sitze in einem Restaurant und bin von Menschen umgeben, die miteinander sprechen. Und auf der Straße sehe ich Menschen, die miteinander sprechen. Und hier in diesem Gebäude sind Menschen, die miteinander sprechen. Und dann frage ich mich, wie viele Millionen oder Milliarden Gespräche wohl jetzt in diesem Augenblick gerade stattfinden. Und ich überlege, wie lange das schon der Fall ist. Tausende von Jahren und wir haben immer noch etwas zueinander zu sagen!

Es ist wirklich erstaunlich, dass wir uns noch nicht sozusagen „ausgeredet" haben! Nehmen wir die Frage aber ein bisschen ernst, jedenfalls für einen Moment. Warum ist das so? Es hat damit zu tun oder es ist sogar das Ergebnis der Tatsache, dass wir sterben müssen. Wir müssen die Welt immer wieder regenerieren und deswegen ist die Welt heute anders, als sie gestern war. Das ist für uns interessant und darüber reden wir.

Und werden weiterreden ...

■ Wir werden weiterreden. Dazu fällt mir jetzt Isaac Bashevis Singer ein. Ich habe ihn einmal vor vielen Jahren bei einer Veranstaltung erlebt. Er war ein wunderbarer, alter Mann und er hat Geschichten erzählt, einfach traumhaft. Auch seine Bücher sind traumhaft, aber wenn man ihn hörte, war es ein noch größerer Genuss.

Im Anschluss an seinen Vortrag stellte jemand eine – wie ich jedenfalls damals dachte – dumme Frage. Mir war es ein bisschen peinlich, dass ihm gerade eine solche Frage gestellt wurde. Singer schrieb doch auf Jiddisch und die Frage lautete: „Was für ein Gefühl ist es, wenn man weiß, dass man in einer sterbenden Sprache schreibt?"

Singers Antwort darauf war sehr klug. Er sagte: „Vor zweihundert Jahren war Jiddisch schon eine sterbende Sprache, es ist heute eine sterbende Sprache und es wird noch sehr lange eine sterbende Sprache bleiben."

Das hat etwas mit dem zu tun, worüber wir gerade reden. Wir sprechen in einer sterbenden Sprache und man könnte sogar sagen, dass es unmöglich ist, in einer nicht sterbenden Sprache zu sprechen. Sie wird immer neu geboren. Das ist faszinierend. Das ist ein Abenteuer, das wir fast unbewusst mitmachen.

Virtuell, relativ, chaotisch

Welche Möglichkeiten bieten in diesem Zusammenhang virtuelle Gespräche? Der Begriff „virtuell" taucht ja schon seit längerem in vielen Zusammenhängen auf, nicht nur bezogen auf Computer.

■ „Ich war virtuell da." – „Wir führten ein virtuelles Gespräch." – So etwas wird geäußert, manchmal werden Witze darüber gemacht, aber vielleicht sind sie gar nicht so witzig gemeint. Ich denke, es handelt sich dabei um ein Phänomen, das wir schon öfters beobachten konnten, besonders in der letzten Hälfte des 20. Jahrhunderts, aber auch früher. Es ist ein Phänomen, das von dem Freiburger Literaturwissenschaftler Uwe Pörksen schon vor mehr als einem Jahrzehnt in seinem Buch „Plastikwörter" beschrieben und analysiert wurde: Die Wissenschaft oder die Technik – jedenfalls diese spezifische „community" – übernimmt ein Wort aus der Alltagssprache, wie zum Beispiel das Wort „Katastrophe", und benutzt es für einen wissenschaftlichen Zweck. Das heißt, sie versieht es mit einer ganz besonderen Bedeutung, die eng mit diesem wissenschaftlichen Bereich verbunden ist.

Vielleicht hat es mit dem Charakter der heutigen Kommunikationsmedien zu tun, ganz bestimmt hängt es aber auch mit dem großen Prestige der Wissenschaft zusammen, wenn Folgendes passiert: Medien berichten über Neuigkeiten im wissenschaftlichen Bereich und transportieren dabei natürlich auch das Wort, das eben daraufhin in einem anderen und viel weiter Kommunikationsrahmen benutzt wird. So schleicht sich dieses Wort – ich weiß nicht, vielleicht trifft „schleichen" als Beschreibung gar nicht zu, denn es ist ja keinesfalls ein langsamer Prozess –, also besser gesagt, so rennt das Wort dann in die allgemeine Sprache und verliert dabei die enge und sehr spezielle Bedeutung, die es im wissenschaftlichen Kontext hatte. Man müsste einfach zu viel wissen, um wirklich zu verstehen, wie es dort wirklich gemeint ist.

Der Verlust ist jedoch nicht nur ein einfacher, sondern ein doppelter, denn im Transfer von der Wissenschaft zurück zur allgemeinen Sprache verliert das Wort leider auch die ganz besondere Bedeutung, die es vorher in der allgemeinen Sprache hatte. Es wird zu einem Modewort. Das hat zur Folge, dass sich die Leute so verhalten, als verleihe es ihnen ein gewisses intellektuelles Prestige, wenn sie das Wort im täglichen Gespräch benutzen.

Das Wort „virtuell" ist diesen Weg in den letzten 10, 15 Jahren gegangen. Diese Art Transfer geht immer schneller vor sich.

Ein früher Fall, der erste sogenannte Ernstfall, an den ich mich in dieser Hinsicht erinnern kann, ist der Begriff „Relativität". Diesem Wort – es ist natürlich mit Albert Einstein verbunden – widerfuhr dieses Schicksal bereits in den frühen zwanziger Jahren. Und man kann die Entwertung eines solchen Wortes gut an diesem Beispiel demonstrieren, weil damals nämlich verkündet wurde, Einstein und die Wissenschaft hätten bewiesen, dass alles relativ sei.

Gerade die Betonung auf „alles" bedeutete, dass man damit auch meint, es gebe keine absoluten Werte. Es konnte also auch keine universellen Gebote geben. Damit hatte das Wort einen Sinn angenommen, der nicht gemeint war – jedenfalls bestimmt nicht von Einstein – und der zur Folge hatte, dass das Wort völlig entwertet und dadurch nutzlos wurde.

Ähnlich ist es jetzt mit dem Begriff „virtual" – „virtuell". Wenn man daran erinnern will, wie das Wort früher, noch vor gar nicht so langer Zeit benutzt wurde, jedenfalls in der englischen Sprache, dann sollte man vielleicht folgendes Beispiel wählen: Wenn ich einen Spaziergang beschreibe und sage: „It war virtually night" – „Es war virtuell Nacht", dann hat das früher Folgendes bedeutet: Obwohl es nicht Nacht war, waren alle Eigenschaften vorhanden, die man mit Nacht verbindet.

Es ist sehr wichtig zu erkennen, dass man mit dem Satz beginnen muss: „Obwohl es nicht Nacht war ...". Wenn man sagt, A ist virtuell B, dann behauptet man zumindest, dass A nicht B ist. Es ist etwas anderes.

Ist das immer die Voraussetzung?

■ Ja, das muss die Voraussetzung für dieses Wort sein. Man könnte es ins Deutsche übersetzen mit „als ob". Es war, als ob es Nacht gewesen sei. Und das bedeutet doch, es war nicht Nacht. Darüber Klarheit zu haben ist die Grundvoraussetzung.

Erst dann kommt die zweite Bedeutung zum Tragen: Dass es nämlich für den Zweck, über den gesprochen werden soll, so war, als ob es Nacht wäre. Für diesen Zweck waren alle Eigenschaften da, die zu diesem Zweck gehören und die mit Nacht zu tun haben. Das Wort „virtuell" ist eng mit Zweck verbunden. Eine andere Übersetzung ins Deutsche könnte sein: „praktisch". Es war praktisch Nacht. Noch einmal: Wenn man „praktisch" sagt, dann meint man: nicht ganz, aber für die Praxis, über die wir jetzt sprechen, war es so, als ob.

So gut wie ...

■ Ja, so gut wie. Also: „Ich habe eine Frau am Strand gesehen. Sie war so gut wie nackt." Da stellt sich niemand vor, dass ich jetzt von einer nackten Frau spreche. Und wenn ich auf Englisch sage: „I saw a woman on the beach. She was virtually naked", dann stellt sich ebenfalls niemand vor, dass sie völlig unbekleidet war. Das ist die Bedeutung, die in diesem Wort „virtually" liegt.

Heute allerdings soll es manchmal ein Witz sein, wenn Leute zueinander sagen: „Wir hatten ein virtuelles Gespräch." Es soll entweder witzig sein oder es bedeutet – und das ist viel häufiger der Fall –, dass zwischen unterschiedlichen Situationen nicht differenziert wird.

Es wird zum Beispiel von „virtual space", einem virtuellen Raum gesprochen. In der Populärliteratur wird betont, dass man wirklich in diesem virtuellen Raum herumgehen kann, als ob man dort anwesend sei. Es wird sehr viel darüber geschrieben, dass es in der Zukunft nicht mehr nötig sein werde, tatsächlich irgendwo hinzugehen, weil man ja „virtually" da sein könne. Das meint wieder einmal „for all practical purposes" – für alle praktischen Zwecke. Natürlich bleibt da etwas ausgespart, es muss ja etwas wegbleiben.

Ich glaube, dieses Wort führt fast dazu, das Weglassen von wesentlichen Dingen zu trainieren. Das Moment der Manipulation, das darin steckt, sollte uns ganz bewusst sein.

Ich möchte zum Wort „Training" gleich ein Beispiel nennen: Ich sitze sehr oft im Flugzeug, fliege hin und her, Europa-Amerika und innerhalb von Amerika und innerhalb von Europa. Menschen, die so wie ich viel fliegen, wissen, dass immer dann, wenn irgendeine Anzeige – zum Beispiel „Fasten Your Seatbelt", „Bitte anschnallen" – aufleuchtet oder ausgeschaltet wird, ein kleiner Gong ertönt. Er macht darauf aufmerksam, dass sich die Anzeige geändert hat. Ich bin nun da oben in der Luft wie ein Pawlowscher Hund: Wenn ich diesen Gong höre, gucke ich sofort hinauf in die richtige Richtung. Welcher Text wurde jetzt angeschaltet oder ausgeschaltet? Manchmal sind es einfach nur Passagiere, die den Gong auslösen, weil sie die Stewardess rufen. Trotzdem blicke ich auf. Ich habe beobachtet, dass andere das auch tun, genauso wie ich, und es sind fast nur Männer – Geschäftsleute, die sehr viel herumfliegen und sozusagen genauso trainiert sind.

Der Begriff „Training" in dieser ganz spezifischen Bedeutung ist mir hier eingefallen. Es ist nicht so, dass irgendwo irgendjemand sitzt, der absichtlich dieses Training entworfen hat, aber es existiert trotzdem und ist von großer Wirksamkeit.

Ich denke an die Verarmung, an die Entwertung der Sprache, aber auch an das Training der Entwertung der Realität. Man kann abstrahieren, doch das bedeutet auch, dass man viele Sachen beiseite lässt – und es geht scheinbar nichts Wichtiges verloren. Es ist eine Art Training, die Welt immer mehr als abstrakt zu empfinden und wahrzunehmen und viele Sachen wegzulassen, die angeblich nicht wichtig sind.

Sie haben eben gesagt, der Begriff „virtuell" habe mit bestimmten Zwecken zu tun. Man wendet ihn vielleicht in bestimmten Versuchsanordnungen an, um etwas zu beobachten. Dabei hat man Dinge weggelassen, die für diese Beobachtung, also nur für diesen konkreten Fall unwesentlich sind.

■ Und das wird dann verallgemeinert. Wenn die Aerodynamik eines Flugzeugs in einem Windkanal untersucht werden soll, spielt die Farbe des Flugzeugs absolut keine Rolle. Man kann sie weglassen. Da sind zwei Flugkörper sozusagen „virtually" identisch, obwohl einer schwarz ist und der andere rot. Für diesen besonderen Zweck ist das so. Aber nicht für andere. Ich glaube, dass wir uns an eine solche Ausdrucksweise und gerade jetzt an dieses Wort gewöhnen. Ob wir es wollen oder nicht, das ist auch eine Form der Anpassung an eine Weltwahrnehmung, in der eben nur die Parameter zählen, die explizit da sind, die uns sozusagen ins Gesicht springen. Alles andere ist unwichtig.

Wenn ich das auf das Beispiel „relativ" – „Relativität" übertrage und auf mein Leben anwende, dann heißt das ja, dass ein Begriff wie Verantwortung wegfällt.

■ Genau. Und das ist doch ganz bestimmt nicht das – da würde doch jeder zustimmen –, was Einstein gemeint und gewollt hat. Es hat mit seiner Theorie der Relativität überhaupt nichts zu tun. Aber so etwas kommt bei dieser Form von Sprachgebrauch heraus. Es ist ein Ergebnis dieses Missbrauchs der Sprache.

Dazu sollte man aber sofort ergänzen, dass es natürlich nicht nur der Missbrauch der Sprache ist, der ganz und gar und ganz allein dafür verantwortlich ist, dass das Bewusstsein der Verantwortung im Menschen verschwindet. Natürlich nicht. Er ist es nicht allein, aber er geht in dieselbe Richtung, in der sich die Gesellschaft sowieso bewegt. Dieser Missbrauch beschleunigt und verstärkt das Verfahren – ganz bestimmt wirkt er ihm jedenfalls nicht entgegen.

Ich denke, ein gesunder Gebrauch der Sprache – und ich verstehe jetzt das Wort „gesund" so wie in der Redewendung

„ein gesundes Misstrauen" – würde dem drohenden Verlust der Verantwortung entgegenwirken. Dazu muss man allerdings auch gleich dies anmerken: Ein solcher Gebrauch würde es allein nicht schaffen, dass jeder dort Verantwortung fühlt, wo er sie fühlen sollte. Trotzdem ist es eine sehr wichtige Komponente, vielleicht sogar eine Art Gradmesser für die Verderbtheit der Gesellschaft in dieser Hinsicht. Vor einer Gesellschaft, die so sprechen kann und so spricht, sollte man vielleicht Angst haben.

Zumindest sagt es etwas Entscheidendes über die Gesellschaft aus, dass sie den Begriff in dieser Weise benutzt.

■ Genauer gesagt: dass sie ihn so missbraucht. Einerseits geschieht das völlig automatisch. Andererseits sieht es so aus, als ob Menschen das mit dem größten Enthusiasmus machen.

Ich habe vor einiger Zeit einen Film gesehen, der ein „virtuelles Gespräch" zwischen Ihnen und Marvin Minsky zeigte. Da waren zwei unabhängig voneinander aufgenommene Interviews zusammen montiert, an Hand von bestimmten Stichworten, die gefallen sind. Es sollte so aussehen, als ob einer auf den anderen reagierte, obwohl Sie sich nicht direkt ansprechen. Die Idee ist ganz witzig, aber mit „Gespräch" hat es überhaupt nichts zu tun.

■ Es ist ja tatsächlich so, dass ich viel von Minsky gelesen und seine Ideen wahrgenommen habe, und dass auch er seinerseits viel von mir gelesen und meine Ideen wahrgenommen hat. Außerdem haben wir ja wirklich oft miteinander gesprochen. Es ist also nicht so, als ob die Ideen, wie wir aussprechen, sich nicht tatsächlich irgendwann irgendwo begegnet wären. Aber gerade dieses „Gespräch", das Sie erwähnen, diese „Begegnung", bei der wir beide nicht anwesend sind, was auch immer das ist: ein wirkliches Gespräch ist es nicht. „It was virtually night" – Es war, als ob es Nacht wäre. Das bedeutet, Nacht war es nicht. Und für unser Beispiel kann man nun folgern: Ein virtuelles Gespräch – was auch immer es ist – ist kein Gespräch.

Es würde einem Gespräch schon ein bisschen näher kommen, wenn mir ein Film vorgeführt würde, in dem Minsky etwas sagt. Der Film wird gestoppt und jetzt kann ich mich dazu äußern, ich kann auf ihn reagieren. Das käme einem Gespräch schon ein bisschen näher, aber natürlich ist auch das kein Gespräch zwischen Menschen, denn wenn ich etwas sage, sollte das doch den Zustand, in dem mein Gesprächspartner ist, verändern. Und umgekehrt. Sonst ist es eben kein Gespräch. Es ist überhaupt keine Menschenbegegnung. Es ist überhaupt keine Begegnung.

Es ist ein Zeichen unserer Zeit, dass so viele Leute so etwas einfach hinnehmen. Wenn ihnen gesagt wird, in diesem Zimmer wird ein virtuelles Gespräch zwischen Minsky und Weizenbaum gezeigt, sagt niemand: „Na, Augenblick mal, die sind doch gar nicht hier." Es ist also völlig normal geworden, so zu reden, und zwar innerhalb kürzester Zeit.

Vorhin habe ich das Wort „Katastrophe" erwähnt. Es ist lange her, vielleicht über zwanzig Jahre, da kam in der angewandten Mathematik die sogenannte Katastrophentheorie auf. Diese Theorie hatte eine rein formale Bedeutung in einem bestimmten Bereich. Diese Bedeutung hatte so gut wie nichts mit dem üblichen Begriff „Katastrophe" zu tun. Auch dieser Begriff wurde zu einem Modewort. Viele Leute können sich sicher nicht mehr an die Katastrophentheorie erinnern, denn das Wort kam und ging, seine Wirkung war nicht von langer Dauer. Auch das beweist übrigens, dass es tatsächlich keine Bedeutung hatte.

Seit einiger Zeit ist „Chaos" auch so ein Begriff. Ein Beispiel: Einer meiner Kollegen am MIT hatte sich einen Computer gebaut, der einem ganz besonderen Zweck diente. Es war eine Art Planetarium. Dieser Computer konnte nichts anderes, als die Bahnen der Sterne und der Planeten nachbilden. Er konnte nichts anderes, aber er war für diesen Zweck ultraschnell. Diese Dinge errechnete er viel schneller, als es der allerschnellste Supercomputer überhaupt konnte.

So hat mein Kollege die Bahnen der Planeten ausgerechnet, rückwirkend bis, sagen wir, vor zehn Millionen Jahren und vorausschauend bis in 100 Millionen Jahren. Dabei hat er Folgendes herausgefundenen: Wenn man die Anfangsparameter – die Zahlen, mit denen man zu rechnen beginnt – nur ein ganz winzigkleines bisschen verändert, sieht der Himmel in Millionen und Millionen und Millionen von Jahren ganz anders aus, als er aussehen würde, wenn man nichts geändert hätte. Und dieses Phänomen hat man Chaos genannt – also, die Beobachtung, dass eine winzig kleine Modifikation am Anfang später eine riesengroße Veränderung bewirkt.

Ich glaube, der erste, der das angewandt hat, war ein Professor der Meteorologie am MIT, Edward N. Lorenz 1965. Von ihm stammt die Aussage, die vielfach variiert wurde und in seiner ersten Fassung so lautete: „Der Schlag eines Schmetterlingsflügels im Amazonas-Urwald kann einen Orkan in Europa auslösen." Das wird heute noch „the Butterfly Effect", „der Schmetterlingseffekt" genannt.

Dem Meteorologen ging es um eine winzige Änderung. Das bedeutet natürlich auch, dass es nicht möglich ist, solche Verfahren so genau zu simulieren, dass man vorhersagen kann: „In zehn Jahren, in 100 Jahren, in 1000 Jahren wird es mit Sicherheit soundso aussehen." Man weiß nie, welche ganz kleine Veränderung irgendwo schon etwas völlig anderes bewirkt hat oder einmal bewirken wird. Aber natürlich stand damals in der Zeitung: „MIT-Professor proves universe chaotic." Ein MIT-Professor hatte demnach also bewiesen, dass das ganze Universum chaotisch sei.

Darauf gab es eine Flut von Leserbriefen, etwa in dem Tenor: „Naja, was hat es dann überhaupt für einen Sinn, anständig sein oder sein Leben zu planen oder sich irgendwie eine Ordnung zu schaffen im eigenen Leben oder in der Politik? Jetzt, wo wir wissen, dass das Universum chaotisch ist."

Das war offensichtlich ein absolutes Missverständnis. Doch dieser falsche Gebrauch des Wortes „chaotisch" war eine Zeit lang, man könnte fast sagen, universell. Dann ist er allerdings beinahe genauso schnell verschwunden wie das Wort „Katastrophe", in dem von mir eben genannten Sinn.

Was ich dabei schade finde, was ich sehr bedauere, ist, dass viele Leute, die im technischen Bereich arbeiten, das Wort einfach adaptiert haben. Wir wurden mit einer Literatur konfrontiert, die auf diesem Wort aufgebaut und demzufolge einfach Unsinn war.

Glauben Sie, dass das mit dem Begriff „virtuell" auch geschehen wird?

■ Es ist schon passiert. Ich habe zwar noch keine Anwendung gesehen, die mich wirklich erschreckt hat. Was ich jedoch in diesem Zusammenhang tatsächlich erschreckend finde, sind einige Begleiterscheinungen.

Eine liegt in der Schnelligkeit – das geht fast explosiv vor sich – in der die kleinsten Entwicklungen – ich würde sie nicht einmal als Fortschritte bezeichnen – innerhalb eines bestimmten Gebiets, wie zum Beispiel der Computersimulation, zunächst einmal verallgemeinert und dann als „corner stones", als Eckpfeiler ganzer geistiger Gebäude benutzt werden.

Jetzt wird zum Beispiel vielerorts behauptet, der Begriff „virtual reality" und die Erfahrung, sich in einer solchen Realität zu bewegen, werde das Bewusstsein der Menschen verändern. Es wird behauptet, dass wir jetzt eine ganz neue Welt herstellen oder dass wir in eine ganz neue Welt einwandern und in wenigen Jahren ganz anders denken werden, als wir heute denken. Nicht nur werden, sondern werden müssen. Das ist großer Unsinn.

Ich weiß nicht, wie lange es her ist, vielleicht beinahe 100 Jahre, da gab es einen großen Zauberer, Houdini, der alles Mögliche und vor allem Unmögliche konnte. Natürlich war alles Illusion. Hätte damals jemand gesagt: „Jetzt, wo wir sehen, dass ein Houdini möglich ist, müssen wir unser ganzes Denken umstellen, alles wird anders, wir müssen umdenken", dann wäre das ebenfalls reiner Unsinn gewesen.

In der breiten Öffentlichkeit ist die Idee nicht nur existent, sondern sogar ziemlich verbreitet, dass es heute schon Versuche in Laboratorien gibt, bei denen ein Mensch sich tatsächlich in einem solchen virtuellen Raum bewegt, mit der Illusion, wirklich dort gewesen zu sein. Und dann muss man sich die Vorhersagen anschauen: Wir werden nicht nur einen elektronischen Handschuh haben – den haben wir ja schon, aber er ist recht primitiv, auch in der Verbindung mit „Head Mounted Displays" –, sondern ganze Anzüge, so dass auch unser Körper in dieser Welt sichtbar wird und sich bewegt. Es wird sogar davon gesprochen, dass man nicht nur eine visuelle und auditive Rückkopplung dieser „Realität" erhält, sondern dass man sie auch spüren, fühlen und riechen können wird. Mit all unseren Sinnesorganen werden wir diese Welt demnach erfahren können.

Davon wird heute so selbstverständlich gesprochen, als ob all das schon längst möglich, ja vorhanden sei, und als ob es nicht mehr lange dauern würde, bis jeder Zugang dazu hat. Damit würde sich die ganze Welt verändern.

Unter anderem wird schon von „virtual sex" gesprochen, und zwar – ich muss es wiederholen – von Leuten, die es viel besser wissen sollten. In diesem neuen virtuellen „Erlebnisraum" und mit diesen neuen „Erfahrungsmethoden" sollen alle möglichen und unmöglichen Welten hergestellt werden können. Nicht nur alle Erfahrungen, die überhaupt möglich sind, sogar auch solche, die eigentlich nicht möglich sind, wird man damit machen können. Es wird davon gesprochen, dass sich das Bewusstsein des Lebens zwangsläufig verändern wird. Für jeden Menschen!

Ich bin mir sicher, dass sich diese Phantasie einer virtuellen Begegnung weder realisieren lässt, noch dass sie unser Denken entscheidend verändern wird. Aber die Phantasie selbst sagt etwas über uns aus. Dass wir solche Phantasien haben, dass solche Phantasien unterstützt, weitergegeben und mit Prestige bedacht werden, kann einen Effekt, eine Wirkung auf unsere Welt haben und ich glaube, keinen gesunden Effekt.

Wie die Idee des virtuellen Gesprächs, die ja auch eine Reduktion bedeutet: eine Reduktion von Gespräch und ein Missverständnis von Gespräch.

■ Reduktion würde ich es nicht nennen. Eine Reduktion wäre es, wenn ich einen Teil von einem Ganzen verwenden würde und dann einen Teil von diesem Teil und dann wiederum noch einen Teil von diesem Teil usw. Ich reduziere etwas, indem ich Sachen weglasse, aber was ich zurück behalte, ist immer noch ein Stück des Originals.

Wenn man zwei Filme zusammensteckt und die Akteure, die da erscheinen, tatsächlich nichts miteinander zu tun gehabt haben, dann ist das keine Reduktion. Reduktion ist ein Teil einer Analyse. Hier haben wir aber eine Synthese. Etwas wurde synthetisch aufgebaut. Und es ist etwas, das tatsächlich nicht existierte.

Vom Wert der Erfahrung

Es erinnert mich an Berichte im „Time Magazine" vor langer, langer Zeit. Da wurden Artikel wie folgende veröffentlicht: Der Außenminister von Amerika sitzt mit dem Botschafter der Sowjetunion – nach dem Zweiten Weltkrieg – in einem Zug-Abteil. „Time Magazine" berichtet nun, was sie zueinander sagen, und zwar auf folgende Weise: „Dann erhebt Dulles seine Stimme und sagt ... Man konnte an Molotows Reaktion sehen, dass er nicht einverstanden war." Da müsste man „Time Magazine" doch fragen: „Waren Sie dabei? Haben Sie das gesehen? Haben Sie das gehört?"

Natürlich waren sie nicht dabei. Aber sie berichteten es so, als ob sie wirklich als Fliege an der Wand gelauscht hätten.

Wie würde man das heute nennen: einen „virtuellen Report" oder eine „virtuelle Beobachtung"? War es ein „virtuelles Gespräch"? „For all practical purposes" war das Gespräch so. Ob es tatsächlich so war oder nicht, ist eine andere Frage. Dabei muss Folgendes beachtet werden: Wenn jemand sagt, „für unsere Zwecke war es so, als ob", dann ist der, der das gesagt hat, derjenige, der bestimmt, welche praktischen Zwecke erlaubt sind und welche nicht.

Aber sobald diese Begriffe Einzug in den Alltag gehalten haben und selbstverständlich vorkommen, ist man sich dessen nicht mehr bewusst.

■ Das ist ein Verlust der eigenen kritischen Instanz. Wie ich eben erklärt habe: Jemand bestimmt, welche Zwecke passen. Wenn ich dann erwidern würde, „ja, das ist zwar sehr schön, aber das sind nicht meine Zwecke", wäre das eine große Leistung, ein enormer Fortschritt. Es würde nämlich bedeuten, dass ich mir eine gewisse kritische Fähigkeit bewahrt habe, und dass ich in der Lage bin, sie auszuüben. Aber wenn mich die Entwicklung überrennt, wenn ich gar nicht mehr weiß, dass hier praktische Zwecke definiert werden, wenn ich mir dessen gar nicht bewusst bin, dann habe meine kritischen Fähigkeiten in diesem Bereich verloren. Und das ist sehr, sehr ernst!

Ich würde nicht so weit gehen, zu behaupten, dass der Missbrauch des Wortes „virtuell" in dem Sinne, in dem wir darüber sprechen, den Anfang des Verlusts der kritischen Fähigkeit der Menschen bedeutet, aber er passt in eine Bewegung, die ohnehin stattfindet, und unterstützt sie in gewisser Weise: Wir sehen die Welt immer mehr als eine abstrakte.

Wir ziehen etwas ab, wie Sie schon erwähnt haben.

■ Wenn wir von „abstrakt" und von „abstrahieren" sprechen, sollten wir uns auch daran erinnern, was das Wort bedeutet. „Abstrakt" besteht aus zwei Teilen. „Ab" bedeutet „weg von" und „strakt" kommt von „trahere", hat also mit „ziehen" zu tun. Wenn man abstrahiert, dann zieht man etwas weg. Wovon? Von der Realität?

Wir sind daran gewöhnt zu behaupten, dass unsere Kinder, die heute Naturfilme im Fernsehen sehen – diese abstrakte künstliche Wiederherstellung der Welt – so viel mehr wissen, als wir in ihrem Alter gewusst haben. Damit sagen wir vor allem, dass die abstrakte Welt, der die Kinder heute begegnen, so gut ist wie die reale Welt, vielleicht sogar besser.

Wir unterstützen also eine Verkümmerung von Erfahrung

■ Noch schlimmer: Es ist eine Verkümmerung der Möglichkeit, etwas zu erfahren. Das möchte ich erklären: Man ist doch gewöhnt an das Bild der Reisegruppen, die mit Touristenbussen unterwegs sind und vor Denkmälern aussteigen und ihre Kameras – früher waren es Film- oder Videokameras, heute sind es Digitalkameras – zum Einsatz bringen. Sie reisen durch die Welt und sie bringen diese Filme und Fotos mit nach Hause. Dort zwingen sie sicherlich ihre Freunde, sich anzuschauen, wo sie überall gewesen sind, zum Beispiel in Ägypten oder auf Tahiti. Sie waren bestimmt dort – man kann es beweisen, denn man sieht es ja in den Videoclips oder auf den DVDs.

Aber darüber hinaus ist noch etwas anderes ganz sicher: Sie haben es nicht erfahren. Sie waren so vollständig damit beschäftigt mit der Technik, Filme oder Fotos herzustellen von Ägypten oder Tahiti, dass es ihnen nicht möglich war, das Land tatsächlich zu erfahren. Ich glaube, dieses Phänomen ist eine ernst zu nehmende Metapher für einen großen Teil der Armut in Bezug auf unsere Erfahrungsmöglichkeiten heute.

Behauptet wird allerdings eher das Gegenteil, nämlich dass man durch dieses Mehr an Wahrnehmungsmöglichkeiten heute eben viel mehr von der Welt erfährt.

■ Das stimmt überhaupt nicht. Außerdem muss man sofort fragen: Wer bestimmt die Grenzen meiner Erfahrungskapazität? Oder: Wie werden diese Grenzen gezogen?

Wir können nicht alle Goethe sein. Aber denken wir an Goethe sozusagen als an ein besonders musterhaftes Beispiel, ein Spitzenbeispiel sogar. Goethe versuchte mit seinen eigenen Augen, mit seinen eigenen Ohren, mit seiner eigenen Nase, mit seinen eigenen Fingern die Welt zu erfahren, um sie dann mit seiner Sprache zu beschreiben.

Heute sind die Erfahrungen, die wir, die viele Menschen haben, sekundär. Es wird irgendwie etwas über etwas gesagt. Es wird A über B gesagt, aber man *erfährt* B nicht. Wer zieht diese Grenzen? Ich meine, die Linie, hinter der wir nichts erfahren können. Wie wird sie gezogen und von wem?

Ein Beispiel, das diesen Sachverhalt vielleicht klar macht: Wir gehen in der Welt herum und fotografieren. Es entstehen schöne Bilder und Filme, die wir stolz präsentieren und die uns daran erinnern und andere davon überzeugen, dass wir an diesen Orten waren. Aber die Farben, die diese Bilder wiedergeben können, sind beschränkt. Es sind längst nicht alle Farben, die wir gesehen haben. Manche sind überbetont, manche sind unterbetont. Was wir auf diesen Bildern sehen, ist, nicht nur ganz offensichtlich, sondern auch in einem tieferen Sinne, nicht das, was tatsächlich da war. Das wird uns ganz besonders dann deutlich, wenn wir zwanzig Jahre lang herumgehen, fotografieren und uns später diese Bilder anschauen. Wir sehen nämlich darauf die Welt in den Farben, von denen irgendjemand bei Fuji oder Kodak oder Panasonic entschieden hat, dass wir sie sehen dürfen oder sehen sollen. Die anderen Farben sind einfach nicht da.

Ich glaube, wir verbringen fast unser ganzes Leben lang innerhalb solcher Grenzen. Ich denke auch an die Musik. Wie oft geschieht es wirklich in unserem Leben, dass wir Musik hören, die nicht irgendwie elektronisch behandelt wurde, bevor sie zu unseren Ohren kam? Wie oft machen wir diese Erfahrung? Wie oft hören wir tatsächlich jemanden eine Geige spielen?

Bestimmt nicht im Nightclub oder in der Disco, nicht im Radio und nicht auf CDs. Nun kann man sagen: „Ja, aber die Qualität der CDs ist doch so gut."

Das schon, aber die Compact Discs geben nicht wieder, was da war. Sie geben nur ein bestimmtes Spektrum wieder. Etwas anderes wurde uns sozusagen nicht zu hören erlaubt von den Leuten, die bestimmen, wie eine CD hergestellt wird.

Wir gehen irgendwo eine Straße entlang, und wir hören eine Geige. Da steht ein Bettler und er spielt „Ave Maria" auf der Geige. Es kann sein, dass ein Jascha Heifetz sich die Ohren zuhalten würde – ich glaube es nicht, aber es kann sein –, weil das Stück so furchtbar schlecht gespielt wird, aber es ergreift uns. Warum? Es ist, um Gottes Willen, wirklich eine Geige! Wann habe ich dieses Instrument zum letzten Mal gehört, außer aus einem Lautsprecher, meine ich?

Man kann sagen, dass die meisten Menschen der Mittelschicht heute viel, viel mehr Musik kennen, als Menschen ihrer Schicht es im 18. Jahrhundert oder sogar im 19. Jahrhundert taten. Wir haben Hunderte von Schallplatten und CDs, vielleicht sogar Tausende, wir erkennen eine Mozart-Symphonie, nachdem wir drei Noten gehört haben. Wir denken, wir sind reich, aber wenn wir so denken, dann sollten wir einmal zu einer Orchesterprobe gehen, zum Beispiel in der Berliner Philharmonie. Diese Erfahrung ist etwas ganz anderes!

Man muss sich dessen unbedingt bewusst werden: Wir selbst bestimmen nicht die Kriterien dafür, wo die Töne verschärft werden, wo sie gedämpft werden. Wir bestimmen diese Grenzwerte nicht, das bestimmt eine ganz andere Welt für uns. In diesem Sinne könnte man vielleicht sogar sagen, dass die reale Welt, die wir erfahren, eine virtuelle Welt ist. Ich möchte das aber nicht zu laut sagen, um nicht selber zur Verbreitung des Wortes „virtuell" beizutragen.

Ich will diese missverständliche Verwendung nicht unterstützen.

Es bezieht sich auf etwas Sekundäres, wir erfahren es als etwas Sekundäres. Ich habe eben daran gedacht, dass manchmal gemalte Porträts – in denen natürlich sehr viel von der Individualität des Malers steckt – dem Porträtierten ähnlicher sind als ein Foto.

■ Es ist interessant: Bevor Sie das Wort „Maler" sagten, habe ich auch gerade an Malerei gedacht. Mir ist tatsächlich dieselbe Idee gekommen. Denken wir an den Mann mit dem Goldhelm, der von einem Schüler Rembrandts gemalt wurde. Das Bild, das wir sehen, ist nicht dieser Mann. Es kann sein, dass wir den Mann erkennen würden, wenn wir ihn auf der Straße träfen. Trotzdem müssten wir zugeben, dass wir ihn noch nie gesehen haben, wenn wir tatsächlich mit ihm ins Gespräch kämen.

Man könnte sagen, dieses Bild ist eine Wiedergabe der Realität, wie sie der Maler empfunden hat. Es ist nicht tatsächlich der porträtierte Mann, den man auf dem Bild sieht. Vermutlich ist jedes Porträt zugleich eine Art Selbstporträt des Künstlers. Ich meine nicht, dass der Maler sein eigenes Gesicht darstellt, aber seine Emotionen und all das, was ihn bewegte und ihm als wichtig erschien, kann man mehr oder weniger deutlich sehen.

Ich möchte auch das „weniger" betonen, denn es gibt Menschen, die sich das Bild sehr lange ansehen und darin Dinge sehen, die wir nicht sehen können, wenn wir nur zehn Minuten hingucken. Das ist vergleichbar mit Menschen, die ein Gedicht fast ein Leben lang lesen und es immer mehr verstehen. Ich habe absichtlich gesagt „mehr" und nicht „anders". Natürlich versteht man es mit der Zeit auch anders, aber vor allem „mehr" im Sinne von „tiefer". Das erste Verständnis bleibt nämlich darin enthalten.

Aber die Welt, von der ich eben gesprochen habe, besonders die elektronisch-mediierte Welt – ich benutze jetzt das Wort „mediation" im Sinne von „dazwischen kommen" – „the world mediated by electronics", die Welt, die uns die Medien zeigen, ist viel weniger echt, viel weniger real, als manche Gemälde.

Computer und Kunst

Was halten Sie denn in diesem Zusammenhang von Computerkunst?

■ Ich spreche gern über Computerkunst und über die Frage, ob der Computer Kunstwerke herstellen, zum Beispiel Gedichte schreiben oder Musik komponieren kann. Dazu müssen wir uns fragen: Was ist es überhaupt, was der Künstler tut? Es hat auf einer wichtigen Ebene mit Selektion, also mit Auswahl zu tun. Ich glaube, ein gutes Beispiel ist „Found-Art" – die gefundene Kunst. Man läuft am Strand entlang, entdeckt ein Stück Holz, nimmt es mit und stellt es dann zu Hause auf den Tisch als ein Kunstwerk. Wo ist die Kunst? Die Kunst besteht darin, dass der Mensch, der das getan hat, gerade dieses Stück Holz gesehen und ausgewählt hat, statt eines anderen. Die Kunst liegt also in der Selektion.

Ähnliches ließe sich über das Gedichtschreiben sagen. Es ist ein Dialog, den der Dichter mit sich selbst führt und auch mit dem, was er wahrnimmt. Schließlich entscheidet er sich für eine bestimmte Auswahl an Gedanken, die er in eine bestimmte ausgewählte Form bringt.

■ Wir alle wissen viel mehr, als wir sagen können. Wir alle wissen Dinge, die wir nicht aussprechen können. Der Dichter versucht, diese Grenze zu überschreiten und eine Idee auszudrücken, die innerhalb der Grenzen der üblichen Sprache nicht ausgedrückt werden kann. Die Grundmotivation des

Künstlers liegt also darin, dass er etwas zu sagen hat. Es drängt ihn, etwas zu sagen, was in der üblichen Sprache unsagbar ist. Das ist das Spannungsfeld, aus dem heraus Kunst entsteht. Um herauszubekommen, was ihn so drängt, versucht er die Grenzen der üblichen Sprache zu überwinden. Dazu erfindet er Methoden, den Reim zum Beispiel. Er versucht, die Grenzen der üblichen Sprache zu überschreiten, um eine Idee auszusprechen. Und das ist ein Versuch, der zwangsläufig fehlschlagen muss. Es ist die Tragödie des Dichters, dass es ihm nie ganz gelingen kann. Es kann nie gelingen, eine Idee absolut auszusprechen. Auch die Dichtung selbst hat Grenzen, und die versucht dann jemand anders zu überschreiten. In diesem Sinne verändert sich überhaupt die Kunst der Dichtung. Niemand dichtet heute, wie Goethe gedichtet hat. Das bedeutet nicht, dass wir heute besser dichten oder schlechter, die Grenzen verschieben sich eben. Der Beitrag, den der Künstler leistet, besteht darin, dass es ihm manchmal gelingt, die Grenzen ein bisschen weiter zu schieben.

Können Sie das, was man nicht sagen kann, also das Unsagbare, noch etwas näher beschreiben?

■ Wir wissen viel mehr, als wir sagen können – ich bestehe darauf – wir alle. Und wenn ich sage: „sagen können", dann meine ich in irgendeiner Sprache überhaupt oder in irgendeinem Symbolsystem – Noten, Mathematik, chemische Formeln, was auch immer. Wir alle wissen sehr viel, das wir nicht sagen können.

Ich würde sogar behaupten, dass das meiste, das wir wissen, unsagbar ist. „Man kann vieles mit Worten ausdrücken, nur nicht die lebendige Wahrheit", lautet ein Ausspruch von Eugène Ionesco. Das ist genau das, was ich denke.

Dass etwas unsagbar ist, bedeutet jedoch nicht, dass wir nicht darüber sprechen können. Wir können es vielleicht nicht sagen, aber wir können darüber sprechen. Ein Beispiel: Bestimmt haben Sie schon mehr als einmal die Erfahrung gemacht, etwas zu träumen, das so wunderschön ist, dass Sie, nachdem Sie aufgewacht sind, am liebsten wieder einschlafen würden, um den Traum weiterzuerleben. Das funktioniert entweder überhaupt nicht oder nicht sehr lange. Man kann nicht immer wieder einschlafen. Also versucht man, den Traum auf andere Weise für sich festzuhalten. Dafür gibt es verschiedene Methoden: Man kann ihn aufschreiben, man kann ihn jemandem erzählen, man kann ihn sich selbst erzählen. Aber man wird die Erfahrung machen, dass man das, was den Traum wirklich ausgemacht hat, mit keiner dieser Methoden festhalten kann. Es stellt sich heraus, dass man ihn letztlich mit jeder dieser Methoden zerstört. So ist es leider. Ein Traum lässt sich nicht konservieren.

Wenn man den Traum wirklich behalten möchte, gibt es nur eine Möglichkeit: Man muss ihn loslassen. Dann kann es sein, dass er wiederkommt. Jedenfalls ist er dann nicht zerstört. Das ist ein Beispiel für etwas, was man weiß, aber nicht sagen kann.

Und was halten Sie von Gedichten, die vom Computer erzeugt wurden?

■ Mein Kollege vom MIT, Seymour Papert, spricht in seinem Buch „Mindstorms" von „Computer Generated Poetry", also von Gedichten, die von einem Computer produziert wurden. Er behauptet, es sei kinderleicht, ein Programm schreiben, das Gedichte erzeugt. Dazu habe ich einige ernste Fragen, allen voran: Was versteht er unter einem Gedicht?

Ich sagte ja bereits, für mich ist ein Gedicht in erster Linie ein Versuch, eine Idee auszudrücken, die innerhalb der üblichen Sprache nicht ausgedrückt werden kann. Und das bedeutet letztlich, dass das Gedicht eine Idee repräsentiert. Also stellt sich doch zwangsläufig die Frage: Woher kommt die Idee zur „Computer Generated Poetry"? Existiert da eine Idee im Computer? Wenn man nicht beweisen, ja nicht einmal annehmen kann, dass der Computer eine Idee hat, dann sollte man wirklich nicht von Gedicht sprechen. Ich halte es sogar für eine Beleidigung des Dichters. Im Übrigen: Wie würden wir eine Idee, die der Computer hat, überhaupt entdecken?

Die Gedichte, die heute als Computergedichte verkauft werden, sind in einem ganz strengen Sinne ein Ergebnis des Zufalls. Da ist keine Idee, mit der es anfängt, sagen wir zum Beispiel die Idee der Einsamkeit. Deswegen würde ich sagen, es sind keine Gedichte.

Die Regeln, nach denen sie entstanden sind, hat ein Programmierer gewählt. Es gibt Verfahren, mit denen man Worte klassifiziert – Substantiv, Verb, Adjektiv – und mit Hilfe grammatikalischer Regeln kombiniert. Dann füttert man den Computer mit einem bestimmten Wortschatz. Was damit produziert wird, ist sprachlich korrekt, sowohl die Grammatik als auch der Satzbau. Aber ich würde nicht sagen, dass der Computer dabei eine gute Idee gehabt hätte.

Es gibt ja auch in diesem Bereich Wettbewerbe, bei denen entschieden werden soll, ob ein Gedicht von einem Computer oder von einem Menschen geschrieben wurde.

■ Und oft stellt sich heraus, dass die meisten Menschen keinen Unterschied erkennen können. Aber das bedeutet für mich keinen Widerspruch. Es ist keineswegs ein Beweis dafür, dass der Computer Kunst machen kann.

Ich habe schon mit dem Computerwissenschaftler Klaus Haefner darüber gestritten, und zwar genau über diese Frage. Er las zwei Gedichte vor – eins stammte von einem Computer, das andere von einem Menschen – und forderte die Anwesenden auf, sie zu unterscheiden.

Dann ist es allerdings zu spät: Da ist ein Text, von dem ich nicht weiß, wo er herkommt – wenn ich ihn jetzt als Gedicht erkenne, bin ich der kreative Geist.

Weil ich ihn als solches, also als Kunstwerk, erkenne?

■ Weil ich ihn als Kunstwerk wahrnehme und damit letztlich erst herstelle. Der Computer sowie der CD-Player sowie der Kassettenrecorder kann mich stimulieren. Was sich auf der CD oder auf dem Band befindet, das ist nicht Musik, das sind magnetische Teilchen. Ich mache Musik daraus.

Ich kann mir vorstellen, da spielt die Siebte Symphonie von Beethoven, und jemand kommt herein und sagt: „Schalte doch den Krach ab." Für ihn ist es Krach. Er hat sozusagen nicht gelernt, das Kunstwerk herzustellen.

Es ist also immer jemand erforderlich, der etwas als Kunstwerk erkennt, der es tatsächlich als solches wahrnimmt. In der Computerkunst wird diese Erkenntnis ja sozusagen wissenschaftlich legitimiert.

Naturwissenschaft als Religion

Findet wirklich ein Dialog statt oder lässt sich die Kunst von der Wissenschaft beherrschen?

■ Humanisten und Künstler stehen auf und sprechen über Quantenmechanik und sind so stolz, dass die Physik endlich auch begründet hat, dass die Welt nicht so ist, wie der Reduktionismus sie sieht, sondern dass sie vielmehr so ist, wie der Künstler sie sieht. Was mir dabei als Erstes auffällt, ist, dass sie dadurch selbst zu Naturwissenschaftsanbetern oder -gläubigen werden. Warum brauchen sie das überhaupt? Warum ist es ein solcher Grund zur Freude, dass die Naturwissenschaft es auch entdeckt hat? Warum braucht man unbedingt die Bestätigung oder Legitimation von dieser Seite? Es müsste doch eigentlich genügen, dass man es selbst weiß. Sicher ist es erfreulich, dass die Physiker endlich zu dieser Haltung gelangt sind, aber das sollte man nicht als die endgültige Unterstützung betrachten.

Ich habe dazu eine Phantasie: Stellen wir uns eine Kneipe im Wilden Westen vor, also den Western Saloon in einem typischen Hollywood-Western. Da sieht man zwei, drei junge Frauen, die an der Bar stehen und zu kaufen sind, man sieht einen Besoffenen da drüben, und in der Ecke gibt es einen großen runden Tisch, an dem Männer sitzen und Poker spielen. Ganz Klischee.

Nun betritt jemand mit einem Schachbrett unter dem Arm den Saloon. Er sieht sich das „Pokergame" an und wendet sich in einer Spielpause an die Spieler mit den Worten:

„Wissen Sie, ich habe hier ein Spiel, das Sie vielleicht auch interessieren könnte." Dann öffnet er das Brett und zeigt, wie man Schach spielt. Die anderen versuchen es und fangen an, es zu begreifen. Es dauert eine Weile, vielleicht zwanzig Minuten, bis jemand fragt: „Aber Sie haben doch gesagt, dass Sie ein Spiel haben, das uns interessieren würde. Wo ist das Spiel?" Der Fremde deutet auf das Schachbrett und antwortet: „Hier ist es doch, das Spiel." – „Nein, das kann nicht sein. Wo sind denn die Karten?"

Was ich damit sagen will: Wenn man Spiel als Kartenspiel versteht, dann ist Schach kein Spiel. Genauso ist es mit der Frage, ob etwas wissenschaftlich ist oder nicht. Es hat mit den engen Kriterien zu tun, die am Anfang aufgestellt werden. Mit ihrer Hilfe schützt sich die Wissenschaft vor Kritik. Jedes Argument, wenn es nicht selbst wissenschaftlich ist, wird einfach nicht akzeptiert. Ein Spiel ohne Karten ist kein Spiel. Das bedeutet natürlich, dass die Wissenschaft sich gegen jede unwissenschaftliche Kritik – humanistische oder künstlerische – immun macht. Das sollte man wissen!

Ist die Naturwissenschaft dann nicht fast eine Religion?

■ Ja, nicht nur fast. Ich glaube wirklich, dass die Naturwissenschaft, in den westlichen Ländern jedenfalls, heute alle Merkmale einer organisierten Religion hat. Da gibt es Novizen, das sind die Studenten an den Universitäten. Da gibt es Priester, das sind die jungen Professoren, dann gibt es die Monsignori, das sind die älteren. Es gibt Bischöfe und Kardinäle. Es gibt Kirchen und es gibt Kathedralen. Meine eigene Universität, das Massachusetts Institute of Technology, ist eine Kathedrale innerhalb der Naturwissenschaft. Es gibt sogar Päpste und – und das ist sehr wichtig – es gibt Häretiker!

Die Häretiker der Naturwissenschaft werden bestraft, genauso wie die Häretiker einer alten Religion: Sie werden ausgestoßen. Und wenn einer einmal als Häretiker klassifiziert ist, dann wird oft behauptet: Der war doch nie ein richtiger Wissenschaftler!

Das alles gibt es also. Und dann gibt es die große Masse der Gläubigen. So betrachtet besteht überhaupt kein Unterschied zwischen dem Naturwissenschaftsglauben und dem Glauben an die Lehre der katholischen Kirche im Mittelalter.

Was vielleicht noch interessant ist, ist die Tatsache, dass die moderne Naturwissenschaft zum großen Teil eine Geheimsprache spricht, die die Allgemeinheit nicht verstehen kann oder jedenfalls glaubt, sie nicht verstehen zu können. Ich würde sagen, hier gibt es eine Analogie zur alten Sprache der Kirche, zum Latein.

Mir fällt dazu ein Zauberspruch aus meiner Kindheit ein: „Hokus Pokus Fidibus!" Das klang geheimnisvoll und voller Zauberkraft – und war eine Nachahmung dessen, was der Priester bei der Wandlung den Gläubigen auf Latein sagte: „Hoc est corpus meum."

Wie erleben Sie die Naturwissenschaftsgläubigkeit bei Ihren Veranstaltungen?

■ Wenn ich bei einem Vortrag das Publikum frage: „Wer glaubt, dass sich die Erde um die Sonne dreht?", dann melden sich fast alle. Also stelle ich die Gegenfrage: „Wer glaubt umgekehrt, dass sich die Sonne um die Erde dreht?" Das war doch früher der Glaube, und zwar für Tausende von Jahren. Nun meldet sich niemand.

Dann frage ich weiter: „Warum glauben Sie, dass die Erde sich um die Sonne dreht? Sie sehen doch jeden Tag, dass sich die Sonne bewegt. Sie sitzen unter einem Sonnenschirm, und eine halbe Stunde später müssen Sie sich woanders hinsetzen, weil der Schatten weg ist. Die Sonne hat sich bewegt. Das sehen Sie mit Ihren eigenen Augen, jeden Tag, und trotzdem glauben Sie, dass sich die Erde um die Sonne dreht. Wer von Ihnen (also, von diesen fünfhundert Menschen, die im Auditorium sitzen) kann ein Argument liefern, das bestätigt oder beweist, dass es nicht die Sonne, sondern die Erde ist, die sich bewegt?"

Es sind nur wenige, die das können. Aber alle glauben fest an die oben genannte wissenschaftliche Erkenntnis, wirklich fest.

Was ist das für ein Glaube? Dieser Glaube ist nichts anderes als ein Glaube an Autorität. Die Wissenschaft sagt, dass die Erde und nicht die Sonne sich bewegt. Die „Priester" sagen es und die „Kirche" sagt es, deswegen glaube ich es. Es ist ganz genauso wie vor fünfhundert Jahren: Da wurde vom Feuer in der Hölle gesprochen. Die Seele konnte entweder hoch steigen oder tief fallen. Das glaubte man damals genauso fest, wie wir heute an die heliozentrische Hypothese glauben, also daran, dass die Sonne das Zentrum unserer Welt ist.

Das ist nur ein ganz einfaches Beispiel. Wir sind so weit, dass man heute keine Zahnpasta verkaufen kann, ohne dass die Wissenschaft in der Werbung darauf hinweist, dass es sich um die beste Zahnpasta handelt. Wirklich, heute ist die Wissenschaft zu einer Weltreligion geworden und die allermeisten Gläubigen glauben einfach blind – wie an ein Dogma.

Die Vertreter dieser Religion – um in Ihrem Bild zu bleiben – fordern ja auch zunehmend diesen blinden Glauben. In seinem Buch „The Society of Mind", auf Deutsch erschienen unter dem Titel „Mentopolis", stellt Marvin Minsky gleich am Anfang die Forderung, sich auf sein System einzulassen, ohne überhaupt eine Begründung dafür zu liefern, warum es sinnvoll ist. Warum soll ich jemandem glauben, der ankündigt, er werde später alles beweisen, zum Beispiel, dass der menschliche Geist wie eine Maschine funktioniert? Da wird von Anfang an eine Unterordnung gefordert.

■ Die Forderung besteht darin, dass man genau in dieser Weise glaubt. Später wird dann etwas bewiesen, das man schon längst „gekauft" hat, indem man zugegeben hat, dass man so glauben kann. Das ist eigentlich wie im Theater. Dort gibt es diese wunderschöne Idee „suspension of disbelief". Ich weiß nicht, wie das genau ins Deutsche zu übersetzen ist, deshalb versuche ich, es zu erklären: Wenn man „suspension of disbelief" nicht leisten kann, kann man ein Theaterstück nicht verstehen. Wenn man immer daran denkt, dass dort auf der Bühne doch nur Schauspieler agieren und dass das Messer, das der Hauptdarsteller in der Hand hält, kein wirkliches Messer ist, ist es unmöglich, das Stück zu verstehen. Also, wenn uns immer bewusst ist, dass das, was vor uns geschieht, gar nicht tatsächlich passiert, wenn wir diese kritische Position beibehalten, verstehen wir nichts.

Beim Film ist es genauso. Wenn man ins Kino geht, den dunklen Saal betritt und auf die Leinwand schaut, darf man nicht sagen: Das sind doch nur Schatten auf einer Leinwand. Man muss einfach seine kritischen Fähigkeiten zeitweise außer Kraft setzen.

Ich glaube, dasselbe verlangt das Buch von Minsky. Es wird gefordert, dass man sein normales kritisches Urteilsvermögen einfach beiseite lässt oder am besten ganz ausschaltet. Und die Religion, die Naturwissenschaft als Religion, verlangt, dass man das nicht nur in diesem Moment, also während einer kleinen Zeitspanne macht, sondern dass man diese kritische Urteilskraft überhaupt absetzt. Man sollte nichts glauben, was nicht wissenschaftlich bestätigt werden kann.

Im Theater ist das anders: Die Forderung, „suspension of disbelief" auszuüben, gilt nur während der Vorstellung. Danach sollte ich meine Kritikfähigkeit wieder einsetzen. Später kann man über das Theaterstück diskutieren und die reale Welt in die Kritik einbringen. Und genau darin besteht der Unterschied zum Anspruch der modernen Naturwissenschaft: Die Naturwissenschaft als Religion erlaubt das einfach nicht.

Auf diese Weise sind ja auch einige Märchen über den Computer entstanden, nicht nur solche im Bereich der Künstlichen Intelligenz, nein, ich meine ganz alltägliche.

■ Zum Beispiel die Behauptung, der Computer würde die Routinearbeit übernehmen und die „höheren Dinge" den Menschen überlassen. Der Computer schafft also angeblich für den Menschen einen Freiraum, so dass er sich über wichtigere Dinge Gedanken machen kann. Wie schön! Wie oft wird eine solche Dummheit einfach nachgeplappert.

Man braucht sich doch nur jemanden vorzustellen, der bei McDonalds an der Kasse sitzt und nicht einmal mehr lesen können muss, weil auf der Tastatur Bilder vom BigMac und den anderen Hamburgern angebracht sind. Der richtige Tastendruck genügt und schon macht der Computer alles, was notwendig ist. Die Arbeit an der Kasse funktioniert reibungslos.

Nun soll man sich also vorstellen, dass der junge Mann oder die junge Frau, die dort sitzt, an Hölderlin und Shakespeare denkt, weil der Computer ja die Routinearbeit übernommen hat. Das ist doch absurd. Das sind doch Märchen. Oder vielleicht sollte ich statt Märchen eher sagen: Mythen. Denn Mythen sind immer von einer bestimmte Aura umgeben und viele Menschen glauben daran.

Gehört nicht auch die Aussage, dass eine Information gelöscht wird, zu diesen Computermythen?

■ Dazu kann ich eine kleine Anekdote erzählen. Sie erinnern sich sicher an den Skandal, den wir vor längerer Zeit in Amerika hatten: die sogenannte Iran-Contra-Affäre. Zwei der Hauptpersonen damals waren Admiral Pointdexter und Hauptmann Oliver North. Sie haben eine Reihe von strafbaren Dingen getan und da sie über diese Dinge keine schriftlichen Unterlagen hinterlassen wollten, haben sie per Computer miteinander kommuniziert. Nachdem einer seine Nachricht zum anderen geschickt hatte, wurde diese sofort „gelöscht". Nun waren Pointdexter und North aber Leute, die nicht sehr viel von Computern verstanden, und deshalb wussten sie nicht, dass mit dem Befehl „Löschen" oder „delete" die gespeicherte Information nicht wirklich auf der Festplatte gelöscht wird. Man löscht nämlich nur den Zugang zu dieser gespeicherten Information, nicht aber die Information selbst. So konnten später Computerspezialisten die Informationen wieder rekonstruieren, was natürlich sehr unerfreulich war für die beiden Herren.

Gut, dieses Märchen wird heute schon angezweifelt: Heute lassen Menschen in ähnlichen Situationen gleich die Festplatten verschwinden.

■ Es ist gerade in letzter Zeit ja einige Male passiert – ich glaube, überall in der Welt –, dass Festplatten auf unerklärliche Weise verschwanden.

Was heißt Medienkompetenz?

Zurück zu den Computermythen. Um sie als solche zu entlarven, bedarf es also einer gewissen Erfahrung und dessen, was man Medienkompetenz nennt.

■ Dieses Wort mag ich überhaupt nicht, denn es kommt so großspurig daher. Dabei handelt es sich ja um nichts anderes, als um das, worüber wir schon gesprochen haben: um den Einsatz der eigenen kritischen Fähigkeiten. Medienkompetenz ist nichts anderes als die Kompetenz, kritisch zu denken und Dinge zu hinterfragen.

Wie kann man sie erlernen oder trainieren?

■ Es gibt dafür zwei entscheidende Voraussetzungen. Die erste besteht darin, wirklich hören zu können, zuhören zu können. Im Englischen lässt sich das noch viel deutlicher sagen, denn es gibt zwei verschiedene Verben: „to hear" und „to listen". Sie bedeuten nicht dasselbe. Man darf sie nicht verwechseln. Die meisten Menschen praktizieren nur das „hearing", nicht das „listening". Sie nehmen also irgendwie wahr, was gesagt wird, aber sie hören nicht zu. Das wäre aber gerade die erste Voraussetzung für eine kritische Reflexion und eine daraus resultierende Reaktion.

Die zweite Voraussetzung hängt eng damit zusammen. Sie besteht darin, kritisch lesen zu können. Überhaupt lesen zu können. Nicht wie bei Comics oder Verkehrsschildern. Nicht entziffern, sondern interpretieren und verstehen. Das muss man wirklich lernen. Es ist vielleicht vergleichbar mit Fahrradfahren oder Schwimmen. Wenn man es einmal richtig gelernt hat, dann kann man es für immer.

Warum wird es in Hinblick auf den Computer so wenig angewendet?

■ Manchmal glaube ich, die meisten Menschen wollen die Bilder und Statements, die ihnen von den Bildschirmen der Fernseher und Computer ins Wohnzimmer geliefert werden, gar nicht kritisch hinterfragen. Sie sind stattdessen sehr schnell bereit, sie einfach zu glauben. Sie scheinen sich gern etwas vormachen zu lassen, sogar in Angelegenheiten, die ernste Konsequenzen für sie haben. Sie lassen sich gern belügen, ohne zum Beispiel die Aussagen der jeweiligen Regierung zu überprüfen. Das trifft nicht nur auf die Amerikaner zu, die man mit der Begründung des Irak-Krieges belogen hat, sondern auch auf die Deutschen, die sich einreden lassen haben, die Wiedervereinigung sei kostenlos.

Woran erkennt man, ob in den Medien die Wahrheit gesagt wird? So einfach ist das ja nicht ...

■ Wir müssen vom Menschen ausgehen, nicht vom Medium. Anders gesagt: Wir können heute nicht mehr erkennen, ob das Bild, das wir gerade auf dem Fernsehschirm sehen, ein reales oder ein hergestelltes, bearbeitetes ist. Wie sollen wir das entscheiden? Meistens fangen wir am falschen Ende an: Wenn wir nämlich befürchten, dass die Bilder, die bei uns ankommen, manipuliert oder verfälscht wurden, dann doch nicht, weil die Maschine dazu in der Lage ist, sondern weil wir es den Menschen, die sie bedienen, zutrauen. Also, wieder einmal: Die wichtigste Frage lautet, ob wir den Menschen vertrauen können.

Das ist auch aktuell eine ganz wichtige Frage angesichts der Informationskriege, die das amerikanische Verteidigungsministerium führt. Natürlich wurden früher auch schon Lügen verbreitet, aber längst nicht so perfekt und raffiniert wie heute.

Ich würde gern noch einmal auf die Wiedervereinigung zurückkommen.

■ Heute weiß man allgemein, dass die Eile, mit der die Wiedervereinigung stattgefunden hat, falsch war und dass das Versprechen, sie würde gar nichts oder wenig kosten, ein großer Fehler war. Dabei spielt es in diesem Moment gar nicht die entscheidende Rolle, ob diese Behauptung eine bewusste Lüge war – jedenfalls war sie ein großer Fehler.

Ich bin überzeugt davon, dass das Hauptziel des damaligen Kanzlers Helmut Kohl darin bestand, wiedergewählt zu werden. Da die Bundestagswahl in nicht allzu ferner Zukunft lag, musste alles sehr schnell gehen. Kohl wollte in die Geschichte eingehen als der Kanzler, der Deutschland vereinigt hat. Das war der Grund. Hätte man die Vereinigung sorgfältiger vorbereitet – mit dem selben Ziel, aber mit einem realistischen Zeitplan –, hätte es vielleicht einige Jahre länger gedauert und das Risiko hätte bestanden, dass zwischenzeitlich eine andere Regierung an die Macht gekommen wäre.

Es ist also in erster Linie Kohls Ehrgeiz zu verdanken, dass die Vereinigung so überhastet und unvorbereitet vonstatten gegangen ist. Es gab zwar Skeptiker und Kritiker der Eile, aber nur sehr, sehr wenige.

Wieder einmal: Genau hinschauen, zuhören und lesen können sind die Grundvoraussetzungen, die man braucht, um sich eine eigene Meinung bilden zu können.

Sich die notwendige Zeit nehmen

Dafür muss man sich vor allem Zeit nehmen.

■ Ich beobachte mit Sorge, dass heute schon die Kinder sehr früh vor Entscheidungen gestellt werden, ohne dass sie sich wirklich darauf vorbereiten können. Das geschieht sehr, sehr oft. Viel zu oft. Um verantwortlich zu handeln, ist es unerlässlich, sich die notwendige Zeit zu nehmen, um sein Verhalten zu überlegen. Man lässt den Kindern aber nicht die Zeit, sich genau zu überlegen, was sie eigentlich wollen. Deshalb greifen einige zwangsläufig zu dem Ausweg der Verweigerung.

Ganz allgemein gesprochen: Es fehlt heute die Zeit, sich vorzubereiten – vor allem den Heranwachsenden und das ist schlimm. Es wird mit Sachzwängen argumentiert, aber was da Zwang ausübt, sind weniger die von außen kommenden Zwänge, als vielmehr wir selbst, indem wir uns gezwungen fühlen.

Was mir dazu einfällt ist Folgendes: Im Flugverkehr gibt es drei Hauptgesetze zur Flugsicherheit. Das erste ist: die Fluggeschwindigkeit beibehalten. Das zweite: die Fluggeschwindigkeit beibehalten. Das dritte: die Fluggeschwindigkeit beibehalten. Erst danach treten andere Sicherheitsgesetze in Kraft. So scheint es auch mit unserer Welt zu sein: Wir bilden uns ein, wenn wir unsere „Fluggeschwindigkeit" nicht beibehalten, stürzen wir ab.

Zum Glück ist es nicht überall so. Es gibt immer noch Bereiche, die sich nicht einem fragwürdigen Zeitplan unterordnen. Und der Ruf nach Entschleunigung wird immer lauter.

■ Da denke ich vor allem an die Tradition, der ich entstamme, die jüdische. Es ist nämlich so, dass man in der jüdischen Tradition keine kurzen Geschichten erzählt. Ich kann zwar einen jüdischen Witz für den deutschen oder englischen Zuhörer verkürzen, aber dann bin ich mir bewusst, dass es sich um eine Verkürzung handelt. Wenn ich unter Juden bin, dann erzähle ich die ganze Geschichte, und das dauert sehr lange.

In der amerikanischen oder englischen oder deutschen Kultur liegt das Gewicht eines Witzes auf der letzten Zeile. Damit dreht sich auf einmal alles um, vielleicht sogar mit dem letzten Wort. Auch im Jiddischen ist die letzte Zeile wichtig, aber nicht entscheidend. Wenn man die Geschichten von Singer liest – manche von ihnen sind witzig –, kann man schon zwei Seiten vor der letzten Zeile sagen, was passieren wird. Die letzte Zeile ist nicht die Zeile, die alles verändert, die Handlung umdreht oder in der letztlich der eigentliche Witz steckt. Die ganze Geschichte ist ein Witz. Oder ein Weinen. Oder ein Jammern. Es ist nicht nur die letzte Zeile.

Was wichtig ist, ist das Erzählen selbst.

■ Genau. Aber dazu muss man es als solches würdigen können. Ein großer Teil der amerikanischen Studenten kann es nicht. Sie können nicht eine einzige Seite schreiben, ohne gravierende Fehler zu machen. Sie haben keine Achtung vor der Sprache, keine Wertschätzung dafür. Sie haben keine Beziehung zur Literatur. Sie lesen nicht, vor allem keine Romane oder Erzählungen, und liefern dafür eine einfache Begründung: Romane sind „fiction" und Fiktion ist – per Definitionem – unwahr. Warum also die Zeit damit verschwenden?

Ich muss an meine eigenen Kinder denken und möchte gleich betonen, sie können alle schreiben wie die Engel. Sie haben ganz normale Schulen besucht, keine von meinen Töchtern ist auf eine elitäre Schule gegangen. Als sie klein waren, haben wir über die Sachen, die sie geschrieben haben, diskutiert. Ich erinnere mich an einen Abend, an dem wir lange über den Unterschied von „that" und „which" gesprochen haben, wann man welches Wort gebraucht. So etwas war in unserer Familie ein wichtiges Thema. Es muss also zu Hause anfangen.

Wenn der Professor in der Universität der erste Mensch ist, der etwas liest, was man geschrieben hat und ernsthaft darauf eingeht, dann ist das wirklich traurig.

Dazwischen liegt die Schule. Was muss die Schule leisten? Welche Rolle spielt sie dabei?

■ Die allerhöchste Priorität der Schule liegt darin, den Schülern ihre eigene Sprache beizubringen. Sie muss ihnen helfen, ihre eigene Sprache lesen, schreiben und sprechen zu können. Eine Aufgabe, die die Schule nur unzureichend erfüllt.

Wenn ich dann von den Plänen höre, den Computer beziehungsweise die Arbeit am Computer in den Unterricht zu integrieren, dann fällt mir sofort ein, dass durch ein solches neues Schulfach etwas anderes wegfällt, zwangsläufig wegfallen muss. Wenn man etwas Neues in die Schule einführt, dann muss etwas Altes raus. Die Schule hat nämlich nur ein begrenztes Zeitbudget zur Verfügung.

Wieder einmal denke ich, wir sollten viel vorsichtiger sein im Umgang mit unserem Fortschritt. Wir sollten uns sehr gut überlegen, wie wir die neuen Methoden, die wir entwickelt haben, einsetzen und, ganz besonders, ob wir die alten hinauswerfen. In vielen amerikanischen Städten, zum Beispiel in Los Angeles, haben wir die Straßenbahnen abgeschafft – endgültig, indem wir die Schienen entfernt haben. Das wird jetzt an vielen Orten bedauert. Man hätte nicht so überstürzt agieren sollen.

Wir sollten aus unseren Erfahrungen lernen. In den sechziger und siebziger Jahren wurden Computer-Lernprogramme entwickelt mit der großen Hoffnung, dass sich die Schüler mit ihrer Hilfe nun selbst ausbilden und weiterbilden könnten. Viele Pädagogen waren euphorisch und schwärmten davon, nun werde das Wissen endlich demokratisiert. Nichts davon ist eingetreten. Lernen ist schließlich mehr als die Akkumulation von Wissen.

Aber wir fahren unbeirrt damit fort, menschliche und gesellschaftliche Probleme mit technischen Mitteln zu lösen: In Amerika sind die meisten Schulen von einem Zaun umgeben. Am Gitter werden die Schüler entwaffnet, bevor sie die Schule betreten. Man befürchtet nämlich, dass sie einander erschießen könnten. Gleichzeitig wird propagiert, dass sie per Internet mit Kindern anderer, sogar verfeindeter Länder kommunizieren. Die Idylle einer weltweiten Familie der Menschheit wird beschworen, während die Kinder in allernächster Nachbarschaft miteinander kämpfen. Das sind unsere aktuellen fortschrittlichen Problemlösungen.

Welche Rolle sollte denn der Computer sinnvollerweise in der Schule spielen? Gar keine?

■   Ich bin überhaupt nicht der Auffassung, dass wir die Möglichkeiten, die unsere neuen Technologien uns anbieten, für die Schule außer Acht lassen und die Bildschirme aus den Klassenzimmern verbannen sollten. Ich subsumiere im Folgenden jetzt der Einfachheit halber Computer und Fernsehgerät unter Bildschirm.

Der Bildschirm ist für Kinder allerdings nicht ungefährlich. Einerseits – das haben wir schon besprochen – weil sie tagtäglich zu Hause erleben, dass der Bildschirm die Quelle der Wahrheit ist. Vielleicht sollte ich „Wahrheit" durch Realität ersetzten. Die Kinder erfahren die Realität vom Bildschirm. Ich will jetzt nicht darauf hinaus, wie viele Stunden Kinder durchschnittlich vor dem Fernseher zubringen, das ist zweifellos eine bedenkliche Größe, aber darum geht es jetzt nicht.

Was ich bezüglich des Lernens für sehr gefährlich halte, ist die Art und Weise, wie das Wissen per Bildschirm aufgenommen wird. Es erreicht die Zuschauer nämlich, ohne dass sie auch nur irgendwelche Anstrengungen auf sich nehmen müssten. Absolut mühelos – sozusagen auf Knopfdruck.

Aber so lernt man nicht. Ich kann nur wiederholen: Lernen bedeutet nicht die Anhäufung von Wissen. Das Wissen muss von den Lernenden vielmehr mit einem gewissen eigenen Einsatz, mit einer gewissen Mühe und Anstrengung aufgebaut werden, sonst bleibt es nicht. Es muss erarbeitet werden. Es fällt einem nicht in den Schoß.

Nehmen wir die Mathematik. Der Mathematiker ist wie ein Taxifahrer in einer großen Stadt, zum Beispiel in Berlin. Er kennt seine Stadt wirklich gut. Wenn eine Kreuzung oder eine Straßenecke erwähnt wird, weiß er sofort, wo sie sich befindet. Nicht, weil er das Straßenverzeichnis auswendig gelernt hat, er weiß nämlich auch, wie man von einem Ort zum anderen, von einer Straße zur anderen gelangt. Er kennt Tricks, sogenannte Schleichwege, und die Notwendigkeit, in manchen Fällen zuerst in eine ganz andere Richtung zu fahren. Er kennt aktuelle Umleitungen und weiß, wo man nur dann fahren sollte, wenn die „rush hour" noch nicht angebrochen ist. Das alles hat er im Kopf, er kennt seine Stadt. Ähnlich ist es beim Mathematiker. Er kennt einen gewissen Teil der Mathematik und weiß, wie darin „herumzugehen" ist, wo sich die Schleichwege befinden und wo es vielleicht notwendig ist, am Anfang die Gegenrichtung einzuschlagen.

In der Mathematik spielt der Begriff der Einfachheit eine wesentliche Rolle. Neben dem Begriff „einfach" ist der Begriff „elegant" relevant. Angenommen, es gibt zwei Theorien, die dasselbe erklären. Warum wählen wir die eine und nicht die andere? Der Grund liegt oft in der Einfachheit oder in der Eleganz der Theorie. Dabei sind diese Begriffe nicht zu unterschätzen. Sie existieren nämlich nicht voraussetzungslos, sondern unter der Prämisse, dass man ein Riesenterritorium wie einen Teilbereich der Mathematik wirklich verstanden hat.

Stellen Sie sich zwei ältere Mathematiker vor, die schon sehr viel Erfahrung haben, und der eine sagt zum anderen: „Es ist doch ganz einfach, dieser Raum und jener Raum ..." Damit meint er auf keinen Fall: „Das kann ich meinen Studenten in einem Semester oder in einer Vorlesung beibringen." Nein, einfach ist es nur, wenn man sich bereits einen gewissen Ausgangspunkt erarbeitet hat und von dieser Warte aus argumentiert. Aber dort erst einmal hinzukommen, diesen Ausgangspunkt also zu erreichen, ist kompliziert und schwierig und anstrengend. Man kann sich diesen Weg nicht ersparen, den Weg zu dem Punkt hin, von dem aus es dann einfach ist.

*In der Schule will man die Faszination, die der Bildschirm
ausübt, für Lernzwecke nutzen. Das Schlagwort „Edutainment", eine Wortneuschöpfung aus „education" und „enter-
tainment", taucht in diesem Zusammenhang auf. Lernen
soll Spaß machen.*

■ Ich glaube, es gibt verschiedene Arten von Spaß. Es gibt
so etwas wie ernsten Spaß, also Freude an der Forschung,
Begeisterung an der Arbeit, die Faszination des „problem sol-
ving". Wenn man etwas analysiert und daraus eine neue Einsicht gewinnt, die sich dann bestätigt und dann vielleicht sogar noch von anderen aufgegriffen wird, das ist doch eine
große Freude und etwas ganz anderes als „Edutainment" –
ein Wort, das ich im Übrigen zutiefst verabscheue.

Ich habe eben einige Gefahren erwähnt, die der Computer für Kinder mit sich bringt, und möchte das noch ergänzen: Eine große Gefahr, die ich sehe, hat damit zu tun, dass
sich die Kinder am Computer fast ausschließlich mit Modellen beschäftigen. Wieder scheint es auf den ersten Blick so,
als sei der Computer ein sehr wertvolles Instrument, zum
Beispiel zur Erklärung von Vorgängen aus der Chemie oder
Physik. Wir können Simulationen erstellen, wir können
durch die innersten Strukturen der Moleküle wandern und
diese dabei sogar modifizieren. Wir können neue Naturgeset-
ze bestimmen. Wir können das Universum simulieren oder
durch eine Straße unserer Stadt mit Lichtgeschwindigkeit rasen. In der Praxis ließe sich das natürlich nicht realisieren,
aber im Computer können wir es darstellen.

Der Computer hat also die Funktion eines Versuchslabors.

■ Ich schildere Ihnen ein ganz einfaches Experiment: Es gibt einen Nagel. An dem Nagel hängt ein Draht und an diesem Draht wiederum eine Schüssel. Außerdem gibt es eine Reihe kleiner Gewichte, alle gleich schwer. Jetzt stellen Sie sich bitte diese Anordnung als Simulation auf dem Bildschirm vor. Eine Hand erscheint, nimmt ein Gewicht und legt es vorsichtig in die Schüssel. Die Folge ist, dass sich der Draht ein wenig verlängert. Dann nimmt die Hand noch ein Gewicht und noch ein weiteres und jedes Mal verlängert sich der Draht um die selbe Strecke – bis zu einem gewissen Punkt. Auf einmal dehnt sich der Draht viel stärker als die vorherigen Male, obwohl auch diesmal das gleiche Gewicht verwendet wurde. Das ist ein erstaunliches Phänomen.

Dieses Experiment war deutlich auf dem Bildschirm zu sehen. Trotzdem hat es ein Schüler nicht verstanden. Also fragt er, ob man es nicht für ihn wiederholen könne. Die Antwort des Lehrers lautet: „Natürlich." Er drückt einen Knopf und schon wird die Simulation wiederholt. Wenn es nötig ist, noch ein zweites oder ein drittes Mal, ganz mühelos. Man könnte das Experiment auch unterbrechen und deutlich darauf hinweisen: „Seht ihr, von hier bis hier ist es so und ab jetzt ist es anders."

Doch etwas Entscheidendes stimmt nicht in dieser Vorstellung. Es sind mehrere Dinge, die mich stören und die nicht stimmen.

Zunächst einmal bedeutet eine Simulation wie diese eine ungeheure Zeit- und Energieverschwendung. Es ließe sich doch wirklich in jedem Klassenzimmer ein Nagel und ein Draht finden, so dass man das Experiment direkt durchführen könnte und nicht die Vermittlung des Bildschirms bräuchte. Schließlich handelt es sich dabei nicht um eine Simulation mit Lichtgeschwindigkeit oder etwas Ähnliches. Nein, dieses Experiment könnten die Schüler durchaus selbst durchführen. Dann würden sie vor allem viel anschaulicher erfahren, wie es funktioniert.

Noch viel wichtiger ist allerdings etwas anderes. Es hat mit der Aussage des Lehrers zu tun: „Ja, natürlich können wir es wiederholen!"

In der Natur können wir es nämlich nicht wiederholen. In der Natur gibt es nur sehr wenig Wiederholbares.

Die Natur verändert sich, wenn wir etwas tun. Oder anders gesagt: Wenn ein Schüler einen Bericht abliefert über ein Experiment, das er im Chemielabor durchgeführt hat, und die Zahlen, die er als Ergebnis nennt, identisch sind mit den Zahlen, die theoretisch erwartet werden, dann ist das vor allem der Beweis dafür, dass er das Experiment nicht durchgeführt hat. Denn nur ganz selten stimmen die Ergebnisse eines Experiments mit denen überein, die vorher theoretisch berechnet wurden. Das ist eine wichtige Einsicht – sie kann gar nicht nachdrücklich genug betont werden. Vor allem die Lehrer sollten das wissen und darüber mit ihren Schülern sprechen. Was wir mit Computern tun, sind nahezu ausschließlich Simulationen. Wir arbeiten mit Modellen und darüber sollte man sich im Klaren sein. Ich frage mich ernsthaft, wie viele Lehrer in der ganzen Welt überhaupt etwas über Modelltheorien wissen.

Computer und Schule

Allgemein besteht heute die Auffassung, man müsse die Schüler schon so früh wie möglich auf die Arbeitwelt vorbereiten, in der Computer ja eine zentrale Rolle spielen. Was und wie viel sollte man über den Computer im Unterricht lernen?

■ Ja, man hört immer wieder, die Kinder müssten doch wissen, womit sie in der Welt konfrontiert werden, deswegen sei es notwendig, dass die Schule etwas über den Computer lehrt. Schließlich sei der Computer überall gegenwärtig.

Dagegen kann ich einige Argumente anführen. Das erste: Es gibt so viele andere Dinge, die auch überall in unserer Welt vorkommen und bei denen niemand die Forderung aufstellt, die Unterrichtszeit dazu zu verwenden, sie zu lehren beziehungsweise sie zu erlernen.

Im Übrigen lernen die Kinder heute den Umgang mit Computern in den sogenannten „peer groups", also in ihren Cliquen, viel schneller als im Schulunterricht.

Und nicht nur das: Ich habe bei meinen Enkelkindern selbst beobachten können, wie schnell und, man könnte fast sagen, automatisch Kinder überhaupt die Technologie dieser Welt lernen, ohne dass sie in der Schule oder im Kindergarten gelehrt wird. Ich glaube, mein Enkel Emil war gerade drei Jahre alt, da sind wir zusammen in ein Gebäude mit einem Fahrstuhl gegangen. Kaum hatten wir den Lift betreten, fragte er: „Darf ich den Knopf drücken?" Beinahe eine Standardsituation. Alle Kinder tun das.

Was heißt das? Dass er versteht, was er mit dem Knopf-drücken bewirkt, und das ist eigentlich eine ziemlich kompli-zierte Angelegenheit. Er weiß, wenn man auf den Knopf drückt, passiert etwas. Darüber hinaus ist es auch noch ent-scheidend, welchen Knopf man drückt. Davon hängt näm-lich ab, ob der Fahrstuhl sich aufwärts oder abwärts bewegt. Das Telefon ist ein weiteres Beispiel. Schon sehr kleine Kinder gehen selbstverständlich damit um, lauschen und sprechen hinein. Sie haben sofort verstanden, dass das, was sie hören, die Stimme ihrer Mutter ist. Und sie wissen, dass die Mutter sie hört, wenn sie hineinsprechen. Diese Vorgän-ge sind gar nicht unkompliziert, und doch werden sie schon von ziemlich kleinen Kindern begriffen. Noch einmal: Ich möchte betonen, dass sich die Schule nicht notwendigerwei-se die Zeit nehmen muss, etwas zu lehren, nur weil es über-all vorkommt und wir alle es benutzen. Die Schule ist nicht der einzige Ort in der Welt, an dem man etwas lernt.

Die wesentliche Frage in diesem Zusammenhang lautet vielmehr: Auf welcher Erklärungsebene – „at what level of ex-planation" – wollen wir den Kindern den Computer erklären? Da gibt es ganz verschiedene Möglichkeiten. Die naheliegende ist, mit Hilfe von Computerspielen. Es würde zum Beispiel viel Spaß machen, einen Flugsimulator zu bedienen.

Lassen Sie mich hier kurz etwas einschieben: Es hat mit dem Wort „bedienen" zu tun. Wir sind heute auf dem besten Weg, zu Bedienern des Computers zu werden, und merken es nicht einmal. Langsam werden wir ein Teil der Maschi-nen. Man kann das mit einem Fließband vergleichen, das Tempo und Arbeitsweise vorgibt. Denken Sie an Chaplins „Modern Times". Wir bedienen die Maschine, die doch ei-gentlich dazu erfunden wurde, uns zu dienen. Das Verhält-nis ist dabei sich umzudrehen: Wir sind zu Dienern geworden. Und jetzt machen wir uns Gedanken darüber, wie früh unsere Kinder damit anfangen sollten.

Zurück zu der Frage nach dem Erklärungslevel, den wir den Kindern anbieten. Womit sollen wir beginnen? Mit den Computersprachen, mit der Architektur? Es gibt verschiedene Möglichkeiten, aber wir müssen uns für eine Erklärungsebene entscheiden und begründen, warum wir gerade diese gewählt haben. Diese Diskussion vermisse ich.

Worin könnte denn die Aufgabe der Schule hinsichtlich des Computers sinnvollerweise bestehen?

■ Ich kann nicht umhin, noch einmal zu betonen: Wenn die Schule überhaupt keinen Computerunterricht erteilen würde, wenn sie also nur den Computer im Unterricht benutzen, aber nicht so ein Fach wie Informatik, oder wie man es auch nennen will, anbieten würde, wäre das mit Sicherheit keine Katastrophe.

Lassen Sie mich eine Analogie herstellen: Reden wir so, wie wir eben geredet haben, weiter, aber ersetzen wir das Wort „Computer" durch das Wort „Klavier". Anstatt über den Computer in der Schule zu sprechen, sprechen wir jetzt also über das Klavier in der Schule. Da würde ich genau dasselbe sagen, das ich vorher gesagt habe: Es gibt natürlich viele Klaviere in der Welt, aber deshalb ist es nicht notwendig, dass ein Kind, sagen wir vom vierten Lebensjahr an, jede Woche zwei Stunden Klavierunterricht hat. Das ist doch absolut nicht notwendig. Außerdem kann man Klavierspielen auch außerhalb der Schule lernen.

Das bedeutet nun nicht, dass ich irgendetwas gegen Musikunterricht oder Musik habe – ganz im Gegenteil Aber es ist eine Frage der Prioritäten. Ich glaube nämlich nicht, dass man von der Annahme ausgehen sollte, in jeder Schulklasse könnte ein junger Mozart sitzen und deshalb müssten wir vorsorglich alle fördern, damit uns dieses Talent oder die zwei, drei Schüler mit einer solchen Begabung nicht entgehen.

Wenn Kinder wirkliches Interesse für Musik zeigen, dann sollte die Schule so angelegt sein, dass sie dieses Interesse befriedigen kann. Sie sollte den Kindern die Möglichkeit bieten, Klavierspielen zu lernen.

Genauso sollte es mit dem Computer sein. Ich würde so etwas wie einen Computerclub in der Schule befürworten, den Lehrer und Lehrerinnen leiten, die etwas davon verstehen. Ganz sicher würde es dann nicht lange dauern, bis ältere Schüler den jüngeren Schülern helfen könnten, jedenfalls denen, die Interesse daran haben.

Ich glaube überhaupt nicht, dass der Computer ihnen vorenthalten werden sollte. In dieser Hinsicht werde ich übrigens häufig missverstanden. Ich habe ja nichts gegen den Computer an sich, im Gegenteil, ich muss gestehen, dass mir der Computer in einem gewissen Sinne ein schönes Leben ermöglicht hat. Ich bestehe auch nicht darauf, dass der Computer keine Rolle in der Schule spielen soll.

Es kommt also auf das „Wie" an.

■ Genau. Ich habe einmal mit einem Physiker darüber gesprochen – es war sogar ein Nobelpreisträger – und er sagte: „Es ist ganz einfach. Ich empfehle jedem meiner Studenten, selbst einen Computer zu bauen." Das hat mir sehr gefallen.

Natürlich meine ich jetzt nicht – da kommen wir wieder zur Frage der Erklärungsebene –, dass man mit Elektronen anfängt und erst einmal lernt, einen ganz schnellen Schalter herzustellen, sondern, dass man diese Teile schon als Voraussetzung nimmt. Das Ziel besteht ja nicht darin, sich um die Physik zu kümmern, sondern etwas über die Architektur des Computers zu lernen, so dass man erkennt, was tatsächlich vor sich geht, und das ist wirklich nicht schwierig. Ich bin mir ganz sicher, so etwas würde gut tun. Dadurch würde der Computer nämlich entmystifiziert.

Ich erinnere mich jetzt an meine eigene Schulzeit. Es war gleich nach der Emigration, also ganz am Anfang in Amerika. Da hatte ich die Gelegenheit – ich könnte auch sagen, das große Glück – zu lernen, wie man mit Drehmaschinen umgeht. Mir wurde die Aufgabe gestellt, aus einfachen Teilen eine Dampfmaschine herzustellen. Ich musste diese Teile sogar selbst anfertigen – drehen mit Hilfe einer Drehmaschine.

Es ist zwar schon sehr lange her, aber ich erinnere mich immer noch sehr genau daran. Ich verstehe immer noch etwas davon, nicht nur von Dampfmaschinen, sondern – was vielleicht sogar noch wichtiger ist – sogar von Drehmaschinen.

Was für mich besonders wertvoll war und mein ganzes Berufsleben entscheidend geprägt hat, ist Folgendes. Ich habe die Funktion der Drehmaschine nicht als rein physikalische, rein logische oder rein mathematische erfahren. Ich habe mit meiner Hand das Rad gedreht, bis das Metall sozusagen hineingebissen hat. Ich weiß nicht, ob Sie wissen, wie das funktioniert.

Wichtig ist, dass die Intelligenz – und ich benutze diesen Begriff jetzt ganz absichtlich –, die daran beteiligt ist, sich nicht ausschließlich im Kopf befindet, sondern auch im Arm, im Handgelenk, in der Hand.

Als ich das gelernt habe, war ich noch sehr jung. An Computer war damals noch nicht zu denken.

Viel später, als sogenannter Computerspezialist, habe ich erlebt, wie computergesteuerte Drehmaschinen hergestellt wurden. Dabei tauchten die Fragen auf: Inwieweit kann man den Menschen ersetzen? Wo liegen die Grenzen der Künstlichen Intelligenz? Wie ich diese Fragen beantwortete, hatte mit meinen Schulerfahrungen zu tun. Was ich damals als Dreizehnjähriger gelernt hatte, führte sozusagen zu meiner Rettung. Damit meine ich, dass ich nicht Gefahr lief, Intelligenz eindimensional aufzufassen. Ich wusste genau, dass man den Menschen zwar bei einfachen Tätigkeiten durch eine Maschine ersetzen, dass man aber nicht alles einer Maschine übergeben kann. Intelligenz ist eben nicht nur das, was sich in meinem Kopf abspielt. Das hatte ich ganz deutlich erfahren. Ich könnte mir gut vorstellen, dass die Aufgabe, einen kleinen Computer herzustellen, Drähte zusammenzustecken und alles, was dazugehört, etwas ähnlich Entscheidendes bewirken kann.

Das knüpft an das an, was wir über die Dominanz des Abstrakten gesagt haben.

■ Es wird oft gesagt – ich habe es bereits erwähnt –, dass Kinder heute viel mehr wissen als wir wussten, als wir in ihrem Alter waren. Ich erinnere mich zum Beispiel daran, dass ich mir als Kind dachte, die Stadt Honolulu sei eine bloße Erfindung. Der Name gefiel mir so gut, er war so schön, ich konnte kaum glauben, dass es eine solche Stadt tatsächlich gibt. Heute würden Kinder diesen Fehler nicht mehr machen. Sie wissen ganz genau, dass es Honolulu gibt, sie haben es tausendmal im Fernsehen gesehen, vor allem in Zusammenhang mit Polizei und Gewalt und Detektiven und Hubschraubern. Sie kennen Honolulu. Aber was wissen sie wirklich davon?

Prioritäten setzen

Wir haben bezüglich Schule und Computer von einem bestimmten, begrenzten Zeitbudget gesprochen. Was bleibt auf der Strecke?

■ Die Mittel der Schule sind in mehrfacher Hinsicht begrenzt, sowohl was die finanziellen Mittel betrifft, als auch was die Zeit angeht. Die Schüler sind nur für begrenzte Zeit in der Schule. Wenn also etwas Neues in den Lehrplan aufgenommen wird, muss logischerweise etwas Altes entfallen. Damit sind wir bei der Frage nach den Prioritäten. Ich bin immer wieder erstaunt darüber, dass so wenige Leute – ich meine Fachleute in Sachen Schule, die mit mir diskutieren – daran denken.

Wenn man dann konkret nachfragt – „Also, was ist es Ihrer Meinung nach, was rausfallen sollte?" –, dann ist es in Amerika üblich zu sagen: „Geschichte." Am MIT waren sich Studenten und Dozenten darüber einig. Die Begründung lautete, man könne auf das Fach Geschichte verzichten, weil das, was dort gelehrt wird – Geschichtsereignisse genauso wie Geschichtszahlen – doch genau das sei, was der Computer so gut behalten könne. Daher wisse man doch ohnehin genau, wo man es findet, wenn man entsprechende Informationen benötigen sollte.

Was ich mit großer Sorge sehe: Durch die Diskussionen über die Einführung des Computers in die Schule wird die eigentliche Problematik der Schule völlig verdrängt, indem der Computer nämlich von Anfang an als Lösung gesehen wird.

Es geschieht, wie so oft in unserer Gesellschaft: Die Problematik wird erst einmal technisiert. Das heißt, aus Fragen, die den unterschiedlichsten Lebensbereichen entstammen, werden technische Fragen gemacht. Und zum Glück haben wir ja schon das Instrument, um diese technischen Fragen zu lösen. Das bedeutet in letzter Konsequenz, dass die Fragen, die wir im Hinblick auf unsere Schulen tatsächlich stellen sollten, also die wesentlichen Fragen, überhaupt nicht gestellt werden.

In den USA gibt es seit langem das ein Schlagwort – man könnte es als Slogan bezeichnen – „Johnny can't read", im Sinne von „Das Kind kann nicht lesen."

Da wusste eine Computerfirma – in diesem Falle IBM – sofort Rat und präsentierte ein Computersystem, zusammen mit dem Programm „Learning to read". Nach kurzer Zeit zeigte sich in Experimenten, dass dieses Programm tatsächlich die Lesefähigkeit der Schüler verbesserte. Man feierte das als großen Triumph und als den Beweis dafür, dass der Computer sich auch in diesem Fall wieder einmal in seiner Eigenschaft als „General Problem Solver" bewährt hatte.

Was man jedoch vermieden hatte, obwohl es eigentlich unvermeidlich war: Man hatte überhaupt nicht gefragt, warum Johnny nicht lesen konnte.

Um den Ernst dieser Tatsache zu betonen, ist es wichtig, Folgendes zu wissen: Man muss in Amerika davon ausgehen, dass mindestens ein Drittel der Jugendlichen nicht lesen kann. Das ist keine grobe Schätzung, sondern wurde von offizieller Seite bestätigt. Ein Drittel der amerikanischen Jugendlichen kann nicht lesen. Sie können zwar Comics anschauen und Schilder entziffern, aber selbst eine Zeitung wie die deutsche „Bild" könnten sie nicht lesen – von Gebrauchsanweisungen oder Anleitungen ganz zu schweigen.

Wenn man das weiß, sollte die erste Frage vernünftigerweise nicht sein: Womit können wir die Lesefähigkeit verbessern? Das ist erst die zweite Frage. Die erste – und das scheint mir so klar und offensichtlich, dass ich immer wieder staune, warum sie nie oder erst ganz spät gestellt wird – müsste doch lauten: Warum kann Johnny nicht lesen? Warum hat er es in der Schule nicht gelernt? Warum lernt er es nicht in der Schule?

Wenn man diesen Fragen nachgeht, würde sich vielleicht herausstellen, dass Johnny Hunger hat, wenn er im Unterricht sitzt, und sich deshalb nicht konzentrieren kann. Und wenn das der Fall sein sollte, schließt sich eine weitere Frage an: Wie kann das sein? Es gibt doch in unseren Schulen ein Frühstücks- und Lunchprogramm. Da wird er doch wohl zu essen bekommen.

Dann erfährt man, dass es dieses Programm schon eine ganze Weile nicht mehr gibt. Warum? Weil kein Geld mehr dafür da ist.

Dann sollte man weiter fragen, was denn so viel wichtiger gewesen sei, dass man dafür auf das Lunchprogramm verzichtet hat. Also, wieder einmal die Frage nach den Prioritäten und in diesem konkreten Fall auch eine politische Frage, die von den Verantwortlichen als unangenehm empfunden wird. Noch einmal ganz deutlich: Natürlich hat der Computer keine Schuld an diesen Entwicklungen, aber er wird dazu benutzt, die wesentlichen Fragen zu verdrängen.

Übrigens ist der Hunger in Amerika nur ein Grund dafür, dass Kinder in der Schule nicht so lernen können, wie es eigentlich sein sollte. Ein weiterer liegt darin, dass viele Kinder, genauso wie Lehrer und Lehrerinnen, Angst haben, wenn sie in der Schule sind.

Vor nicht allzu langer Zeit war noch das Drogenproblem das größte Problem innerhalb des amerikanischen Schulwesens. Das ist jetzt nicht mehr der Fall, aber nicht etwa, weil es „gelöst" oder zumindest abgebaut wurde, sondern einfach, weil ein anderes Problem mittlerweile noch größer geworden ist, und das ist das Problem der Waffen in der Schule. Ich habe schon von den Kontrollen am Eingang gesprochen, bei denen Metalldetektoren verwendet werden. Da kann man sich natürlich vorstellen, dass Lehrer und Kinder Angst haben. In solch einer Atmosphäre wird es sicherlich schwer sein, irgendetwas zu lehren, ob es nun Lesen ist oder etwas anderes.

Ein dritter Grund – und er hängt natürlich eng mit dem Hunger zusammen – liegt darin, dass eine ungeheuer große Zahl der Kinder in Amerika in Armut lebt. Das bedeutet, diese Kinder leben ohne Hoffnung, ohne Perspektive und ohne Einsicht in die Notwendigkeit, Lesen oder etwas Ähnliches zu lernen. Was sollte es ihnen nützen? In ihrer Familie oder in dem familiären Zusammenhang, in dem sie aufwachsen, herrscht vielleicht schon Arbeitslosigkeit in der dritten oder vierten Generation. Zukunftspläne, die mit Ausbildung und Lernen zu tun haben, kommen einfach nicht vor.

Was tun?

Wir wissen ja eigentlich ganz genau, was wir tun müssen,
aber wir tun es nicht! Dafür ist auch New Orleans ein Bei-
spiel. Hurrikan Katrina verursachte dort am 28.
August 2005 eine große Flutkatastrophe, weil die Dämme brachen.

■ Leider sogar ein gutes Beispiel, im Sinne von treffend.
Wir – und damit meine ich nicht nur die amerikanische
Regierung, sondern eigentlich die gesamte Menschheit – ha-
ben schon mindestens eine Woche vorher gewusst, was passieren wird. Die Wetterprognosen sind heute sehr genau.
Alle haben es gewusst, aber nichts unternommen. Dann
kam der Hurrikan Katrina und die Welt hat zugeschaut, wie
eine lebendige Stadt in einen trostlosen Trümmerhaufen verwandelt wurde. Es gibt keine Entschuldigung, keine Ausrede.
Es war ganz anders als bei der Tsunami-Katastrophe
Ende Dezember 2004 in Südasien, denn wir hatten in den
USA entsprechende Frühwarnsysteme und sie haben funktioniert. Aber das hat nichts bewirkt. Es ist immer dasselbe:
Die Politiker bereiten ihre nächsten Wahlen vor, denken
sich Versprechungen für die Wähler aus – mir fallen wieder
einmal die blühenden Landschaften ein, die Kanzler Kohl
den neuen Bundesländern prophezeit hat und die nichts
kosten sollten – und handeln vollkommen verantwortungs-
los.
Diese Verantwortungslosigkeit möchte ich als kriminell
bezeichnen, genauso wie die Kurzsichtigkeit, die damit verbunden ist. Es ist nämlich eine absichtliche Kurzsichtigkeit.

Und sie funktioniert nur deshalb, weil es fast so etwas wie einen Konsens gibt, dass niemand mehr genau hinschaut.

Da stellt sich wieder die Frage nach den Möglichkeiten des Einzelnen. Was kann er tun?

■ Der Einzelne ist schon deshalb angesprochen, weil das, was wir eben gesagt haben, für jeden Menschen gilt und im täglichen Leben eine zentrale Rolle spielt. Nehmen wir das Beispiel Umweltverschmutzung. Auch da ist es absolut nicht der Fall, dass wir nicht wissen, war wir tun müssen. Wir wissen es ganz genau. Aber ob wir den Willen haben, uns politisch zu organisieren, so dass sich tatsächlich etwas ändert, das ist eine andere Frage. Momentan fordert die Industrie mehr Forschung zum Treibhauseffekt und die Zigarettenfirmen in Amerika behaupten immer noch, es sei nicht wissenschaftlich erwiesen, dass Zigaretten die Menschen krank machen. Da es wissenschaftlich noch nicht genau bewiesen sei, müssten wir noch mehr Experimente machen. So ein Unsinn, wir wissen es ganz genau. Und wir wissen auch ganz genau, welchen Beitrag jeder Einzelne dazu leisten könnte, die Umwelt sauber zu halten.

Eine Möglichkeit, etwas gegen die Luftverschmutzung unserer Städte zu tun, bestünde beispielsweise darin, die Innenstadt für Privatautos zu sperren. Deutschland könnte in dieser Hinsicht vielleicht einen großen Beitrag zur Entlastung der Atmosphäre leisten. Aber wenn ein solcher Vorschlag ernsthaft in Erwägung gezogen wird, dann meldet sich bestimmt jemand zu Wort, der zu bedenken gibt: „Aber wenn wir das machen und die anderen Länder nicht, dann hätte das doch eher negative Folgen für uns." Wenn ich dann erwidere, dass es bei jedem Fortschritt in Wissenschaft

197

und Technologie Folgen geben kann, an die wir vorher nicht gedacht haben oder die wir permanent ignoriert haben, dann wird gern gesagt: „Ja, wenn wir im Prinzip nicht wissen können, was passiert, dann dürfen wir doch zunächst einmal alles probieren."

Ganz selten wird gesagt: „Wenn Deutschland die Autos aus den Innenstädten verbannen würden, dann könnte sich Frankreich vielleicht anschließen." So etwas höre ich so gut wie nie. Stattdessen wird mehr Forschung gefordert und das bedeutet, die Experten sollen entscheiden. Wie beim Zigarettenbeispiel. Wir geben unsere eigene Entscheidungskompetenz ab – angeblich weil Fachleute es besser wissen. Aber das stimmt nicht. Es ist einfach nicht wahr, dass wir nicht wissen, was zu tun wäre.

Wir sind froh, uns der Verantwortung entledigen zu können.

■ Genau. Es handelt sich nicht nur um eine Faulheit im Denken, es ist zugleich eine moralische Faulheit.

Denken Sie an die Pisa-Studie. Nach ihrer Veröffentlichung war die Bestürzung groß: Wie konnte es geschehen, dass gerade Deutschland so einen schlechten Platz in der Rangliste eingenommen hat? Wie konnte es geschehen, dass aus dem Land der Dichter und Denker ein kultureller Trümmerhaufen geworden ist? Für mich liegt die Antwort darauf ziemlich nahe: Lernen und Lehren haben in der deutschen Gesellschaft ihren Wert verloren. Sie wurden ersetzt durch so fragwürdige „Werte" wie Edutainment, Konsum, Spaß und maßlose Gier. Die Eltern haben ihre Verantwortung für die soziale und kulturelle Erziehung ihrer Kinder längst an das Fernsehen und den Computer abgegeben. Und diese beiden Bildschirme verstärken einander noch im Prozess, Apfelmus aus den Gehirnen der Kinder zu machen.

Aber was ist es, was den Menschen so – wie Sie es nennen – faul sein lässt?

■ Seine Bequemlichkeit. Ich denke sogar, zu fragen: „Was können wir tun?", gehört dazu und ist ebenfalls ein Ausdruck dieser Bequemlichkeit oder zumindest eine Form des Ausweichens. Sie bedeutet, dass ich zwar weiß, was ich tun müsste, aber hoffe, es gibt noch etwas anderes, das ein bisschen leichter ist und weniger Opfer von mir verlangt, damit ich mir weiterhin allen Komfort erlauben kann, an den ich mich gewöhnt habe.

Außerdem wird wieder einmal der Einzelne für ohnmächtig erklärt oder noch schlimmer: Er erklärt sich selbst für ohnmächtig, indem er sagt, es habe doch so gut wie keine Auswirkungen, wenn er Batterien in den Müll schmeißt. „Meine paar Batterien – was macht das schon aus?"

Es entsteht eine Art Immunität, die darauf beruht, dass der Einzelne so unwichtig ist. Statt selbst zu handeln, schreibt er lieber Briefe an die Frankfurter Allgemeine oder an die New York Times, in denen er fordert, die Gesellschaft möge doch ihren Müll trennen und Batterien vorsichtig entsorgen.

Mir fällt dazu wieder ein Filmbeispiel ein. Es ist einer der wichtigsten Filme, die ich kenne. Er wurde anlässlich eines Jahrestags der Öffnung des Konzentrationslagers Dachau im Fernsehen gezeigt. Der Titel lautet: „Drei Tage im April". Er spielt im April 1945. Der Krieg ist also beinahe zu Ende, zumindest ist sein Ende in Sicht. Schauplatz ist ein kleines Dorf in Süddeutschland. Am Bahnhof hält ein Zug, drei Viehwagen werden abgekoppelt und stehengelassen. Darin sind KZ-Häftlinge eingepfercht. Jeder im Dorf weiß es, denn die Schreie, das Wimmern, das Weinen ist deutlich zu hören. Aber niemand tut etwas, niemand traut sich, den Eingeschlossenen zu helfen.

In einer Szene, die ich besonders furchtbar finde, kommen einige Einwohner zusammen und zwar solche, die in dem Dorf eine exponierte Stellung einnehmen: der Arzt, der Bürgermeister und noch ein paar andere. Jeder hat eine völlig korrekte, vernünftige, logische Ausrede dafür parat, dass er nichts tun kann. Jeder weist die Verantwortung von sich. Diese Haltung macht der Film so schmerzlich deutlich. Ich empfehle dringend, diesen Film in der Schule zu zeigen, ich meine, nicht nur in Deutschland, sondern überall.

Zivilcourage

Aber es gibt eine Person, die sich schließlich aus dem Konsens der Passivität befreit.

■ Ja, und zwar die Gastwirtstochter, ein überzeugtes BDM-Mädchen. Sie bringt den Gefangenen etwas zu essen. Dabei wird sie dann von einer anderen Frau unterstützt. Aber am Anfang ist sie ganz allein.

Eine einsame Insel der Vernunft.

■ Jeder Einzelne zählt. Jeder einzelne Mensch, der sich vernünftig, der sich menschlich verhält, ist schon eine kleine Insel. Das ist das, was zählt. Denn dieser Mensch kann Brücken bauen zu anderen Menschen und dafür sorgen, dass sich Inseln zu Inselgruppen zusammenschließen. Aber für das Bild der Insel ist es nicht unbedeutend, dass sie eine ganze Weile isoliert bleiben kann und das durchstehen muss. Vielleicht ist es das, was so besonders schwierig ist, das Alleinsein auszuhalten.

Mir fällt gerade ein Erlebnis ein: Ich war in einem kleinen Segelboot in Maine, ganz allein, und bin aus dem Hafen hinausgesegelt. Ich bin aufs Meer hinausgesegelt, auf den Atlantik und da war das Wasser eben nicht so ruhig, wie es im Hafen war, und der Wind war auch stärker. Dann habe ich das Boot gewendet, wieder Richtung Hafen. Das war nicht leicht. Der Wind war so stark, dass ich nicht einfach gerade in den Hafen heineinsegeln konnte, ich musste gegen den Wind kreuzen. Jedenfalls war es nicht so einfach, das muss ich sagen, und es hat lange gedauert, viel länger als ich erwartet hatte. Da wurde mir auf einmal mittendrin bewusst, dass ich mich in einer Lage befand, in der nur ich für mich selbst verantwortlich war. Es war so, dass niemand mir helfen konnte. In diesem Augenblick spielte es überhaupt keine Rolle, ob ich reich war oder nicht, ich meine nicht nur materiell, sondern auch intellektuell, also ob ich studiert hatte oder nicht, oder emotional, also ob Leute mich mochten oder nicht. All das war in dieser Situation völlig unbedeutend. Ich war ganz auf mich selbst gestellt.

In unserer Gesellschaft haben wir selten die Gelegenheit, draußen auf dem Meer alleine zu segeln. Wir leben ja in unserer Gesellschaft fast ausschließlich in einem Hafen, nicht immer in dem selben, mal in dem einen, mal in dem anderen Hafen. Und meistens sind es andere, die für uns sorgen. Wir haben selten die Gelegenheit oder wir werden selten aufgefordert, wirklich etwas für uns selbst zu entscheiden. In unserer Konsumgesellschaft ist es zum Beispiel die Werbung, die uns empfiehlt, man könnte auch sagen, vorgibt, was wir tun sollen. Ab einem gewissen Grad von Wohlstand können wir ziemlich faul – ich meine ganz besonders, intellektuell faul oder spirituell faul – leben.

Auch von den ehemaligen sogenannten sozialistischen Ländern wird das behauptet. Ich sage „sogenannte", weil ich nicht glaube, dass dort tatsächlich die Idee des Sozialismus, die ich für eine vernünftige halte, realisiert wurde, aber das ist eine andere Sache. Jedenfalls war es dort so, dass der Staat für die Menschen entschieden hat. Jeder hatte eine sichere Arbeit, Wohnung, Nahrung und musste sich nicht selbst um dergleichen kümmern. Die eigene Entscheidungsfähigkeit wurde nie erprobt.

Um auf unsere Gesellschaft zurückzukommen: Es ist eben auch bei uns der Fall, dass kaum einer für sich selbst entscheiden muss – da brauchen wir uns gar nicht die ehemalige Sowjetunion anzuschauen. Es gibt für uns nur wenige Momente, in denen wir aus irgendeiner Not heraus – jetzt meine ich nicht besonders eine materielle Not – entscheiden müssen: Wer bin ich, was will ich, warum bin ich hier? Was verändert es, wenn ich mich in dieser oder jener Weise verhalte? „What difference does it make?"

Und wenn es doch passiert, dass man tatsächlich dazu kommt, sich irgendwie entscheiden zu müssen, wer man ist, dann kann es gut sein, dass man plötzlich sehr allein ist, besonders in den ersten Phasen dieses Entscheidungsprozesses.

Etwas, worüber ich immer wieder staune, ist, dass diese Dinge so offensichtlich sind. „They are so obvious", so, dass jeder sagen könnte: „Ja, lieber Joseph, das stimmt alles, aber warum betonst du es? Warum sagst du es immer wieder? Das wissen wir doch." Es ist allerdings gleichzeitig auch offensichtlich, dass wir es nicht wissen, jedenfalls nicht im Gedächtnis behalten, nicht darauf reagieren.

Es gibt unterschiedliche Ebenen des Wissens.

■ Da muss ich an meine Tochter Naomi denken, die einmal zu mir gekommen ist und gesagt hat, sie habe in alten Tagebüchern aus der Zeit gelesen, als sie zwölf Jahre alt war. Sie sei dabei auf etwas Wichtiges darin gestoßen und finde das äußerst traurig. Sie sagte: „Mein Gott, ich habe überhaupt nichts gelernt! Das habe ich doch schon damals gewusst, und gestern dachte ich, es sei eine ganz neue Einsicht."

Es ist eben nicht der Fall, dass wir Menschen einen Computerspeicher in uns haben, in dem alles bleibt, was einmal hineingesteckt wurde. Oder denken wir an eine CD oder DVD. Was da „aufgeschrieben" ist, bleibt. So ist es aber nicht mit uns. Außerdem kann es gut sein, dass Naomi so etwas aufgeschrieben und zwischenzeitlich längst wieder gelesen hat, ohne darauf zu reagieren, weil es für sie in dem Moment nicht relevant war. Und dann zehn, zwanzig Jahre später, wenn diese Einsicht wieder kommt ... Aber nein, sie kommt ja nicht wieder, die Worte sind dieselben, der Begriff scheint derselbe zu sein, aber heute mit einem ganz anderen Gewicht. Auf einmal sieht man eine Bedeutung, die man früher nicht gesehen hat.

Das ist wie mit manchen Büchern. Wenn man ein Buch, das man vor zehn Jahren gelesen hat, heute wieder liest, wenn man einen Film, den man vor zehn Jahren gesehen hat, wieder anschaut, entdeckt man Dinge, die man damals nicht gesehen hat.

■ Man ist eben in einem bestimmten Sinne ein anderer Mensch. Wir sind alle – darüber haben wir schon ausführlich gesprochen – das Ergebnis unserer Lebensgeschichte. Und wenn man ein Buch zum zweiten Mal liest oder einen Film zum zweiten Mal anschaut, hat man eine andere Lebensgeschichte als beim ersten Mal. Man kann nicht zweimal in denselben Fluss steigen.

Ein „erstes Mal" ist nicht wiederholbar.

■ Ich weiß nicht, wie oft es mir passiert ist – ich meine jetzt nicht hundertmal, aber vielleicht fünfmal oder zehnmal –, dass ich auf einmal etwas verstehe, richtig und tief, und es ist äußerst einfach, verblüffend einfach.

Fast ein Paradebeispiel dafür ist das Folgende: Wenige Jahre nachdem mein Buch „Computer Power and Human Reason" – „Die Macht der Computer und die Ohnmacht der Vernunft" – erschienen war, erhielt meine Tochter Naomi im College die Hausaufgabe, dieses Buch zu lesen.

Ich habe jetzt vergessen, ob sie mir einen tollen Brief geschrieben – ich glaube, das war's – oder ob sie mich angerufen hat. Ich glaube, es war ein Brief, in dem sie mir sagte, sie sei endlich dazu gekommen, mein Buch zu lesen, weil es eine Schulaufgabe war. Sie fände es sehr gut und sie würde mir nun dringend empfehlen, es auch zu lesen.

Was sollte das heißen: Dringend empfiehlt sie mir, mein eigenes Buch zu lesen. Was sollte ich davon halten? Ich hatte es doch geschrieben. Was meinte sie damit, ich sollte es auch lesen?

Wie ich mich erinnere, schrieb sie weiter, sie habe sich gefragt, mit wem ich da streite. Auch dabei stutzte ich: Warum fragt sie nach meinem Streitpartner in diesem Buch? Es ist doch ganz offensichtlich, dass es die Künstliche-Intelligenz-Elite in Amerika ist.

Und worin besteht der Streit? Was ist der Inhalt, ganz grundsätzlich? Der Streit besteht darin, dass ich denke, die Welt ist nicht binär, also nicht nur aus Nullen und Einsen bestehend. Ich glaube nicht, dass alles in große Ketten von 0 und 1 zerlegt werden kann. Ich glaube nicht, dass die Welt so ist.

„Und wer", fragte sie mich, „wer glaubt, dass die Welt so ist?" Sie meinte nicht, wer das seine Studenten lehrt, sondern wer das in seinem eigenen Leben glaubt. Und dann gab sie selbst die Antwort auf ihre Fragen: „Das bist du selbst, lieber Vater. Du bist dein eigener Streitpartner, du streitest gegen dich selbst. Und jetzt musst du mal lesen, was du da schreibst, was da gegen dich geschrieben ist, gegen deine Haltung, dass die Welt doch nur 0 und 1 ist."

Das war eine kluge Beobachtung.

Was sie meinte, war zum Beispiel, dass ich sofort, wenn meine Frau wütend mit mir war, dachte: „Jetzt sehe ich die Wahrheit, sie ist immer wütend mit mir, sie hasst mich, sie mag mich nicht." Und wenn sie lieb zu mir war, dann vergaß ich, dass sie manchmal wütend war.

Was ich in meinem Alltag nicht erkannt hatte, war, dass diese beiden Dinge nebeneinander in der Welt leben, dass es kein Entweder-Oder gibt, dass eins das andere eben nicht ausschließt. Die ganze Welt ist so: Ganz selten schließt ein Gegensatz den ersten Satz völlig aus.

Hier war also eine Einsicht, die ich einmal gehabt und auf die ich sogar ein ganzes Buch gegründet hatte. Ich konnte viel darüber schreiben und konnte auch viele Leute von dieser Wahrheit überzeugen, aber ich habe es selbst in vielen Situationen nicht gewusst, obwohl ich es geschrieben habe.

Wenn Sie der Empfehlung Ihrer Tochter heute folgen und dieses Buch wieder lesen, welche Passage empfinden Sie heute als die wichtigste?

■ Da brauche ich nicht lange zu überlegen, das heißt, ich brauche überhaupt nicht zu überlegen. Es ist folgende Passage: „Es ist ein weit verbreiteter, aber schmerzlich irriger Glaube, dass Zivilcourage nur in Zusammenhang mit Welt erschütternden Ereignissen bewiesen werden kann. Im Gegenteil. Die größte Anstrengung kostet sie oft in jenen kleinen Situationen, in denen die Herausforderung darin besteht, die Ängste zu überwinden, die uns überkommen, wenn wir über unser berufliches Weiterkommen beunruhigt sind, über unser Verhältnis zu jenen, die in unseren Augen Macht über uns haben, über alles, was den Verlauf unseres irdischen Lebens stören könnte."

Standpunkt

Hans-Jochen Vogel

Politik und Anstand

Warum wir ohne Werte
nicht leben können

Im Gespräch mit
Heribert Prantl

224 Seiten,
geb. mit Schutzumschlag

ISBN 3-451-28608-4

In einer Zeit rasanten Wandels ist Klarheit über erstrebenswerte
Ziele und gemeinsame Werte entscheidend. Hans-Jochen Vogel
hat Politik über Jahrzehnte bewusst erlebt und mitgestaltet. In
diesem Buch zieht er Bilanz – und formuliert Perspektiven über
den Tag hinaus. Was ist der archimedische Punkt seines eigenen
Lebens? Und was sind ethische Perspektiven für eine Gesellschaft
in unsicheren Zeiten? Im Gespräch mit Heribert Prantl plädiert er
in einer Zeit neuer Beliebigkeit zuallererst für die Tugenden der
Redlichkeit und Zuverlässigkeit und für eine neue soziale Kultur
– gerade heute.

HERDER